JN074423

9つの
失敗パターンでわかる

M&A戦略の
基本と実務

デロイト トーマツ ファイナンシャルアドバイザリー合同会社
中山博喜
［著］

赤坂直樹・戸田崇生
［執筆協力］

中央経済社

目　次

序章　失敗学のすすめ ……………………………………………… 9

　なぜ，今M&A戦略なのか　9
　なぜ，失敗事例に着目するのか─M&A戦略への処方箋　10
　本書の特徴　16
　本書の構成　17

PART I　M&A戦略の基本中の基本　19

第1章　戦略がM&Aの成否の命運を握る ……………………… 20

　1　M&A概況　21
　　(1)　日本企業のM&A件数は最多を更新　21
　　(2)　超大型M&A件数が少なく，金額ベースでは伸び悩み　21
　　(3)　クロスボーダーM&Aは，COVID-19前まで戻り切っていない　22
　　(4)　ベンチャー投資や事業承継M&Aが増加　23
　2　M&A戦略概論　24
　　(1)　M&A戦略の定義および役割　24
　　(2)　M&A戦略の位置づけ　24
　3　M&Aの成功とは　28
　　(1)　M&Aの成功率　28
　　(2)　M&Aの各プロセスの自己評価　29
　　(3)　M&Aの成功要因　30
　　(4)　M&Aが成功か否かの判断基準　33
　4　M&A戦略に関するよくある勘違い　36
　　(1)　「戦略は絶対である」という勘違い　36
　　(2)　「戦略は合理的な思考の産物である」という勘違い　39

　　(3)　「M&A戦略は目指すべき目標を示している」という勘違い　41

　5　そもそも戦略とは何か　41

　【着想コラム①　神は細部に宿る（God is in the details）】　43

第2章　M&A戦略策定の実務 ………………………………………… 44

　1　M&A戦略策定の流れ（4ステップ）　45

　　(1)　ステップ全体の説明　45

　　(2)　ステップ1：既存戦略の確認　45

　　(3)　ステップ2：事業環境分析　46

　　(4)　ステップ3：戦略オプション検討および精緻化　52

　　(5)　ステップ4：ターゲット・スクリーニング　57

　2　売却側（セルサイド側）におけるM&A戦略　61

　　(1)　経営戦略実現のためのオプションとしての売却　61

　　(2)　骨太な売却意義の設定　61

　　(3)　売却候補先の検討　62

　　(4)　売却に向けたマイルストーンの設定　62

　【着想コラム②　ChatGPT活用への考察】　63

PART Ⅱ　失敗パターン別M&A戦略策定の要諦　65

●失敗事例から考察する意義　67

●失敗に陥る9つの典型的パターン　67

【着想コラム③　人間が持っているバイアス】　70

第3章　失敗パターン①：戦略なき前進 ……………………………… 72

【事例1　工作機械製造企業（A社）の新規事業展開におけるM&A】　73

　1　戦略なき前進が招く結果とは　75

　2　M&Aは手段であって目的ではない　75

⑴　戦略なき前進の２つのパターン　75

⑵　なぜ，戦略なきM&Aが実行されるのか　76

3　戦略を機能させる＝M&A自体を目的化させない仕組み　77

4　曖昧な戦略による弊害　78

⑴　骨太な戦略がないと合意形成だけでも疲弊　78

⑵　戦略なき前進の根本原因を分析する　79

⑶　愛社精神がM&Aの目的化を抑制する　80

【着想コラム④　M&Aによる地域活性化】　81

第4章　失敗パターン②：戦略フレームワークの落とし穴にはまる … 82

【事例2　メディア運営企業（B社）によるプロバスケットボール運営会社のM&A】　83

1　フレームワークの使用は思考停止のトリガーになる　84

⑴　フレームワークでは実現可能性まで検討できない　84

⑵　SWOT分析はよく使われるが，使用方法には要注意　86

⑶　クロスSWOT分析を使えばよいという話ではない　87

2　落とし穴を回避するためには　88

⑴　代表的なM&A事例においてもフレームワークを使っていない　88

3　フレームワークを有効的に活用するためには　89

第5章　失敗パターン③：シナジーが絵に描いた餅になる ………… 90

【事例3　アパレル小売業（C社）の同業他社のM&A】　91

1　シナジーは夢物語なのか　92

⑴　同業他社の買収ならではのシナジー効果　93

⑵　シナジーをマジックワード化させないようにする　93

2　マジックワード化の原因　94

⑴　ベースとなるM&A戦略が不明確であること　94

⑵　実現可能性が欠けていること　94

⑶　外部環境に想定していない動きがあったこと　95

⑷　M&A候補先に合わせた仮説検証プロセスが抜けていたこと　95

　⑸　「戦略の重要性理解」,「情熱」が欠けていたこと　96

　3　シナジーだけでなくディスシナジーも忘れてはならない　97

　　⑴　代表的なシナジー・ディスシナジーの例　97

　　⑵　詰めが甘くならないように留意　98

　4　シナジー実現に向けたアクションプランの策定　99

　【着想コラム⑤　タバコ部屋でのコミュニケーション】　100

第6章　失敗パターン④：無謀にレッドオーシャンでの戦いに参入 … 102

　【事例4　外食チェーン（D社）による同業他社のM&A】　103

　1　なぜ,レッドオーシャンに参入してしまうのか　104

　2　ブルーオーシャンを作り上げていく必要性　105

　　⑴　様々なメリットが得られる　105

　　⑵　海外の格安航空の事例　105

　3　M&Aにブルーオーシャンを取り入れる　105

第7章　失敗パターン⑤：リスク回避が逆にリスクとなる ……… 107

　【事例5　電子部品製造業（E社）のM&A検討】　108

　1　なぜ,リスク回避がリスクにつながるのか　108

　　⑴　マイノリティからマジョリティは悪手なケースが多い　109

　　⑵　市場が未成熟だからという理由で参入を見送り,先行者利益を
　　　逸失　109

　　⑶　社内でのリスク回避行動もM&Aに悪影響を及ぼす　110

　2　リスクをとるべきか,回避すべきかをどのように見極めるのか　110

　　⑴　無謀と挑戦の線引きをどのように考えるのか　110

　　⑵　無謀な戦いを避けるために必要なこと　111

　【着想コラム⑥　VUCAの時代にどのように対応していくか】　112

第8章　失敗パターン⑥：ESG（環境・社会・ガバナンス）の配慮
　　　が不足 ……………………………………………………………… 113

　【事例6　専門商社（F社）の海外市場への展開】　114

1　ESG経営の重要性が増している背景とは　115

⑴　ESG・SDGs・CSRの関係　115

⑵　営利企業の社会的貢献を説く考えは昔から存在　115

2　M&AへのESG実装　116

⑴　M&AへのESG実装は「言うは易く，行うは難し」　116

⑵　環境・社会貢献という新たなM&Aのパターンが登場している　116

3　思考プロセスの転換〜トレードオフ思考からの脱却〜　117

⑴　ESGと業績はトレードオフの関係なのか　117

⑵　ESG関連リスクがある場合，ESGデューデリジェンスの実施も
検討　118

⑶　自社のESG配慮がM&A推進上の重要な論点に？　118

第9章　失敗パターン⑦：驕りから強引な戦略を策定 ……………… 119

【事例7　ECサイト運営会社（G社）のネット旅行代理店業への進出】　120

1　買収対象企業の協力が不可欠　121

2　経営者だけでなく，現場の意識にも要注意　121

⑴　自社の成功体験への誇りが驕りに　121

⑵　「買う」という言葉は極力避ける　122

⑶　「社長案件」の場合には，社長自身が方針を示す　122

3　社外取締役やアドバイザーの意見も参考にする　122

4　買収対象企業にとってのメリット　123

⑴　融和には時間がかかるということを念頭に進める　123

【着想コラム⑦　事業承継としてのM&A】　124

第10章　失敗パターン⑧：撤退戦略を見誤る ………………………… 125

【事例8　食品加工企業（H社）のネットスーパー事業の撤退】　126

1　買収するだけがM&A戦略ではない　127

2　戦略的撤退には多くの障壁がある　128

⑴　戦略的撤退に立ちはだかる障壁　128

⑵　モニタリング体制の構築とそれを機能させる仕組みづくり　128

　3　撤退事例から学ぶべきポイント　128

　(1)　撤退する勇気とパワーも不可欠　129

　(2)　成功企業では経営陣が撤退をトップダウンで判断　129

　(3)　同じ轍を踏まないための仕組みづくり　130

　(4)　シナジーのモニタリングが不十分で撤退判断が遅れることも　131

　【着想コラム⑧　座礁資産への対応とM&A】　132

第11章　失敗パターン⑨：戦略を支えるM&A実施体制を軽視 … 134

　【事例9　マテハン機器製造企業（Ｉ社）による技術獲得のためのM&A】　135

　1　体制が不十分であると，戦略が宙に浮く　136

　(1)　戦略を実行するのは人である　136

　(2)　重要な案件にはトップマネジメントのコミットメントが求められる　137

　(3)　ディール担当者からの引継ぎの重要性　137

　2　社内体制の構築で気を付けるべきポイントとは　138

　(1)　M&A戦略では成し遂げたいことのマイルストーンを決める　139

　(2)　PMIは早く開始するほど良い　139

　(3)　M&Aに関するノウハウを蓄積させる　141

　(4)　社内政治や人間関係がM&A遂行に悪影響を与えないように考慮
　　する　142

　3　投資基準・モニタリング基準・撤退基準を決めておく　142

　【着想コラム⑨　M&A戦略における古典の活用】　143

PART Ⅲ　M&A戦略策定の総括・実践　145

第12章　M&A戦略を機能させる ……………………………… 146

　1　戦略の機能不全にメスを入れるのが最優先　147

　2　M&A戦略の機能不全を防ぐための要諦　147

　(1)　平時からM&A戦略を準備しておく　147

⑵　M&A戦略について，社内で合意をとっておく　148

⑶　客観的な意見を得られる体制を構築する　149

⑷　振り返りにより，暗黙知を引き継ぐ　150

⑸　M&A自体を目的化させにくい目標設定にする　151

3　失敗事例とM&A戦略の処方箋の関係　152

第13章　「良い」M&A戦略を作る ······ 154

1　「良い」M&A戦略とは何か？　155

2　M&A戦略策定時のHow思考の落とし穴　155

⑴　失敗事例に対する「コインの裏返し」は避ける　155

⑵　How思考では良いM&A戦略にはつながらない理由　156

3　「良い」M&A戦略の条件　157

⑴　全社戦略と整合し，方向性が明確に定義されており，情熱のある戦略であること　157

⑵　セオリーに囚われず，競争優位に立つための戦略仮説が描かれていること　158

⑶　外部環境を踏まえ，バックキャスティングで戦略が練られていること　164

⑷　買収対象企業に配慮しつつ，自社が絶対に獲得したいものが定義されていること　165

⑸　M&A推進上の仕組みを構築し，コミットができる仕掛けがあること　165

4　本章におけるポイントのクロスチェック　166

⑴　準備・実行段階の失敗（クロスチェック）　166

⑵　PMIの失敗（クロスチェック）　167

⑶　タイミング（クロスチェック）　168

⑷　M&A戦略の処方箋と「良い」M&A戦略のつながり　168

第14章　模擬演習：M&A戦略策定 ······ 170

1　模擬演習：実際にM&A戦略を策定してみた　171

⑴　模擬演習の前提条件　171

2　Before版のM&A戦略　176

⑴　Before版：戦略的方向性の明確化　178

⑵　Before版：買収対象企業の選定　178

3　After版のM&A戦略　179

⑴　After版：大博照明の目指すビジョンの設定　179

⑵　Before版とAfter版のM&A戦略の着眼点の違い　181

⑶　Before版の改善ポイント　181

4　Before版とAfter版を踏まえた考察　187

⑴　同じ前提条件でM&A戦略を作り始めても結論に相違点がある　187

⑵　（まとめ）M&A戦略の改善ポイント　188

第15章　ChatGPTによるM&A戦略策定 ······················ 190

1　前提条件　191

⑴　GPT-4を使用　191

⑵　プロンプトの入力形式　195

2　ChatGPTが作成したM&A戦略への考察　196

⑴　プロンプトの内容が適切でないと，ロジックが不明確になる　197

⑵　ChatGPTへの追加質問は難しい　199

⑶　ChatGPTへのプロンプトの出し方に留意が必要　201

⑷　非現実的なオプションもプロンプト次第で組み込んでしまう　202

⑸　M&A戦略の核となるビジョンを考えるのも，判断するのも人間　203

3　小　括　206

【着想コラム⑩　身近なところから発想のヒントを得る】　206

用語集　209

おわりに　215

序章 失敗学のすすめ

▍なぜ，今M&A戦略なのか

　日本企業によるM&Aの件数は，レコフデータ社の統計によれば，年間で約4,300件となっている。これは，単純計算で1日平均11〜12件のM&Aが行われていることになる。さらに，契約成立までたどり着かなかった案件まで含めると，多くの日本企業が日常的にM&Aを検討していることを推し測ることができる。

　では，それらのM&Aの結果はどうなっているのだろうか。残念ながら，買収前に見込んでいた戦略を実現できたか，もしくは買収後に何らかのシナジーを発現することができたことを「成功」と定義すると，未だにM&Aの成功率が高いとはいえないのが現実である。M&Aの失敗の原因は，プレM&A，エグゼキューション，PMIのフェーズにおける様々な要因が挙げられるが，その中でもM&Aプロセスの最も上流に位置するM&A戦略（プレM&A）に起因するものが多いと考えている。

　一方，本書の執筆動機にもつながってくるが，M&A戦略について書かれている書籍は，ほんの一握りである。これには理由があり，M&A戦略は単独で語ることが難しいためである。なぜなら，M&A戦略は，経営戦略や事業戦略の話も交えながら解説をする必要があり，テーマとして扱うのが難しい領域になっている。そのため，本書もM&A戦略を主軸に書いているが，所々話が経営戦略や事業戦略へと脱線している部分がある。その点は，M&A戦略の性質に起因するものであり，ご容赦いただきたい。

　これまで多くのM&Aが実施されていることや，様々な書籍でもM&Aを進める際の留意点について解説されており，M&Aに関するノウハウや知見は各々の企業にも蓄積されてきているが，それでもなおM&Aが失敗するケースが多いのは，根深い原因が潜んでいるからである。M&Aの成功率を上げるためには，この根深い問題に対して処方箋が必要となるだろう。

なお，本書において紹介している失敗事例については，オーソドックスな内容も多く含んでいる。今更感はあるが，その今更感の内容にこそ失敗に至る原因があり，その原因を発端に未だに失敗に至るケースが多いと感じている。多くのM&Aの失敗に共通する「あるある」を通じて，それらの原因を考察し，その対応策について解説をしていきたい。

なぜ，失敗事例に着目するのか―M&A戦略への処方箋

成功事例ではなく，あえて，失敗事例に着目して考察をしている理由としては，失敗事例には，成功に向けて，参考とすべき多くの示唆が含まれていることが挙げられる。得てして成功事例では，戦略の良し悪しに焦点が当てられる傾向にあるが，戦略の中身の検討以前にもM&Aの成否を左右する要素が数多く存在している。これらは，成功事例の考察からは見えにくいポイントである。

そのため，本書では，失敗事例に注目したうえで，成功を導くヒントを考察することとしている。詳細は，本書の中で解説をしていくが，M&A戦略の処方箋については，以下のような大きな括りに分けられると考えている。なお，魔法のような万能な処方箋は存在せず，基本に忠実に取り組むことが最も重要である。当たり前のことで，そんなことはわかっていると思われるかもしれないが，実は，それができないジレンマが厄介なところである。どのようにして，これらの処方箋にたどり着いたのかは，本書の中で説明していく。

図表0-1 M&A戦略への処方箋

No.	概要
❶	M&A戦略の機能不全になっている原因を特定して解消する
❷	これまでのセオリーを覆しつつ，より良いM&A戦略を策定する
❸	デューデリジェンスやPMIも見据えながら適切な範囲でM&A戦略を策定する
❹	M&A戦略の重要性を理解し，一貫性を持ち，納得感があるM&A戦略を策定する

(出所：デロイト トーマツ ファイナンシャルアドバイザリー合同会社作成)

❶　M&A戦略の機能不全になっている原因を特定して解消する

　M&A戦略の内容についての良し悪しを議論する前に，そもそも戦略がうまく機能しないという事象が多くのM&Aにおいて生じている。いかに洗練されたM&A戦略を作ったとしても，それが画餅に帰すのであれば，全く意味がない。読者の方々の中にも「確かに，当社でも戦略が機能しなくなる局面がある」と心当たりのある方々は多いのではないだろうか。

　この機能不全が起こるメカニズムは，様々な事象が絡み合っており，M&Aの特性に関連した根深いものもある。本書では，なぜM&A戦略が機能しないのかについて，失敗の典型パターンに共通する原因を掘り下げることで真因をあぶり出す。処方箋自体も重要ではあるが，大切なことは，失敗に至る背景を理解するという点である。背景の理解が不十分なままであると，誤った薬を処方してしまう可能性もあるということは理解しておきたい。極端なたとえをすると，食あたりでお腹が痛いのに，痛み止めとして頭痛薬が処方されるようなものである。

❷　これまでのセオリーを覆しつつ，より良いM&A戦略を策定する

　M&A戦略を策定するうえで，あまり疑われることなく常識のように認識されているセオリーでも，実は思考を改めるべきものが存在する。

―「シナジー仮説が多いほうがよい」は間違い

　たとえば，M&A検討時において，シナジー仮説は多いほうが，より魅力的なM&Aのように思える。しかし，実際にはシナジー仮説が多ければ多いほど，戦略の実現性が下がる傾向にある。「なぜ，そんなことが起こるのか？」と思われる方も多いかと思うが，シナジー仮説が多いということは，ゴールが不明瞭であることの裏返しである。実際に，そうした場合のシナジー仮説をよく分析すると，取って付けたような（どのM&Aにも当てはまりそうな）仮説が多くなる傾向がある。

　また，PMIにおいて，潤沢に人的リソースを割けないケースもあり，効果の薄いシナジー仮説の実現に時間を割いてしまうと，本当に実現したかったシナジーの実現に注力できないなど，悪循環の元になる。

―100日プランではなく「1,000日プランの100日目」がPMIの要諦

　PMIには「100日プラン」という言葉があるが，M&Aには「1,000日プラン」の考え方が重要である。規模にもよるが，想定している戦略を実現するには，多くの場合100日では終わらない。また，「1,000日プラン」を掲げるのは，社内外のステークホルダーにも，戦略の実現には時間がかかるということを示す意図もある。短期的に結果を求めることは非常に重要であるが，その期間で結果が出しにくい施策もあることから，「1,000日プランの100日目」という形でステークホルダーの期待値コントロールを行っていくことが求められる。

―「フレームワーク」を用いてM&A戦略を作ることに囚われてはならない

　書籍やWebサイトでは，数多くの戦略フレームワークが紹介されており，各企業の戦略がフレームワークに当てはめられて説明されているのをよく見かける。そのため，実際にそれらの企業がフレームワークを用いて戦略を策定しているような誤解が生まれている。フレームワークは，情報を抜け漏れなくうまく整理する，発想の素として活用するという点では有益ではあるが，必ずしもフレームワークを用いる必要はない。フレームワークは，考え方の枠組み（フレーム）であり，思考の整理に便利である一方で，思考をする際にその枠組みに当てはめようとして，思考が囚われてしまう原因になることもあるため，フレームワークに頼りすぎない検討が重要である。

　上記は，あくまで一例ではあるが，今まで当たり前のように行ってきたものの中にも，M&Aを失敗に導くセオリーが存在している。本書では，失敗事例を考察しながら様々な角度から検証を試みている。

―PDCAだけではなく，OODAアプローチの考え方をM&A戦略にも活かす

　通常，戦略の実行や検討に際しては，PDCAサイクルを回していくようなイメージを持つが，状況を観察しながら，情勢を判断して，意思決定してアクションにつなげることも重要である。

　OODA（ウーダ）とは，Observe（観察），Orient（状況判断），Decide（意思決定），Act（行動）の頭文字を取って付けられた名称である。PDCAと比較されることがよくあるが，PDCAは業務活動における改善のために使われる

ものである一方，OODAは軍事において現場での状況判断に用いられる考え方が発祥であり，そもそもコンセプトが違うので比較すること自体に意味がない。PDCAもOODAも良い面があり，うまく組み合わせて考えるのが有益である。

　前置きが長くなったが，不確実性が高く，将来の予測が難しいVUCAの時代では，企業が置かれている事業環境の変化が早くなっており，OODAアプローチのような状況を観察しながら，情勢を判断して，意思決定して行動につなげるという考え方は必要である。PDCAとの組み合わせについては，具体的にはPlan（計画），Check（評価）の際にOODAを用いて進めるというものである。要するに戦略を作って，盲目的に従うのではなく，状況変化に合わせて，計画や評価の際に軌道修正を行っていくということが重要なポイントである。

❸　デューデリジェンスやPMIも見据えながら適切な範囲でM&A戦略を策定する
―デューデリジェンスやPMIはM&A戦略の段階からスタート

　デューデリジェンスがうまくできなかった理由として，時間が足りなかったことが挙げられるケースが多い。たしかに，ほとんどの案件において，デューデリジェンスを行っていると時間が足りないと感じることも多いが，そもそも論点が絞り切れていないのが原因で，非効率になっている部分もあるのではないだろうか。

　M&A戦略において，M&Aを通じて獲得したいものを明確化して，デューデリジェンスの中で，それが獲得できるのか否かを中心に分析していくと，より効率的に進めることができるようになる。デューデリジェンスを進めていくと，当初気づいていなかった論点が浮上してくることが常ではあるが，それはそれとして，事前に優先すべき論点を決めてメリハリをつけることが効率化につながるのは間違いない。

　また，PMIまでを見据えてM&A戦略の策定を行うのが肝要である。いくつかの買収候補企業を選定しつつ，この企業だったらこのようなPMIが求められるという形でシミュレーションをしておくというものである。あらかじめ，頭の整理を行っておくことで実際のPMIもスムーズに進めることができる。

―PMIの失敗はM&A戦略で防げる（部分がある）

　M&Aの推進を行うディールの担当者とPMIの担当者が違うケースが多い。ディールの担当者が立てた無理筋なシナジー仮説を，PMIの担当者が推進していることもある。そして，PMIが失敗したという形で片付け，責任を負わせようとする。それを防ぐためにもM&A戦略は一役買う。

　「なぜ，無理筋なシナジー仮説が生まれるのか」。それはディールの過程でM&A推進を正当化するバイアスが生じているからである。俗にいう「M&Aが目的化する」ということである。そのため，ディールが過熱する前にシナジー仮説を考えておくことが肝要である。

　適切な範囲でM&A戦略を策定するというのは，デューデリジェンスやPMIの重要な論点も含めながらM&A戦略が検討されていることが望ましいという意味合いである。

❹　M&A戦略の重要性を理解し，一貫性を持ち，納得感のあるM&A戦略を策定する

―M&A戦略のないM&Aはすべて失敗だ

　「M&A戦略のないM&Aはすべて失敗だ」と言い切れるぐらいM&A戦略は重要なものである。M&Aの成功と失敗に関しては，一般的には，いくつかの評価軸がある。買収側（バイサイド側）が事業会社だとすると，たとえば，「①企業価値向上につながっているか」，「②経営目標達成に寄与しているか」，「③各ステークホルダーから評価されているか」が評価軸となってくる。

　M&Aは，経営戦略を実現するための1つの手段にすぎない。そのため，一番重要な要素としては②の経営目標の達成に寄与しているか否かで判断すべきである。①企業価値向上に対するM&Aの効果は数字では図りにくい部分がある。また，③のステークホルダーからの評価については，ステークホルダーといっても株主，債権者，役員，従業員といったすべてのステークホルダーから高く評価してもらうというのは実際のところ難しい。

　そうすると，M&A戦略において，M&Aがどのように経営目標実現のために寄与するのか戦略仮説を立てて，それが実現できれば成功とみなしてもよいのではないだろうか。ここでいう戦略仮説とは，経営目標を実現するための仮

説ベースでの道筋（方策）という意味合いである。実務上，正しい道筋はわからないものである。そのため，考えうる中で最も正しそうな道筋を仮説ベースのままであっても前に進むことが求められる。

　また，成功か失敗かの判断を行う時間軸についても，半年や1年ではなく，内容によっては3年や5年と，柔軟性を持たせることも肝要である。

　「M&A戦略のないM&Aはすべて失敗だ」と表現したのは，M&A戦略の中に戦略仮説が組み込まれているため，M&A戦略がないM&Aはすべて失敗（より正確にいえば，成功か失敗を判断することはできない）ということになる。わかりにくいので，少し別の言い方をすると，M&A戦略がないと，どういった経営目標の実現のためにM&Aを実施しようとしているのかが把握されていないため，結果として何らかの経営目標の実現ができたとしても，たまたまにすぎず，それを成功としてみなすべきではないということである。大げさかもしれないが，M&Aの目的化を防ぐためにも，戦略仮説を持つというのは重要なポイントである。

― 「良い」M&A戦略はどのように作るのか？

　どうすればM&Aの成功率を上げるための「良い」M&A戦略を作れるのだろうか。M&A戦略の策定に携わったことがあれば，必ず直面する問いである。良い戦略を作るための画期的な方法があるか，画一的な策定手段があるか，フレームワークが存在するか。答えは「そんな魔法のようなものはない」である。なぜ，ないと言い切れるのかは後述するが，そうした魔法のような手段は存在しない一方で戦略策定時に気を付けるべきポイントやどのように「良い」M&A戦略を策定していくのかについては考え方やアプローチを示すことができる。

　また，良い戦略には，腑に落ちる一貫性のある戦略が多いと感じている。戦略を決めるのは人であり，また実行するのも人である。何が言いたいのかというと，我々ビジネスパーソンは納得がいかない場合であっても戦略を実行せざるを得ない局面は当然のことながらあるが，納得感があるとより強い力で推進することができる。そのため，納得感を持てるような戦略が望ましいのである。

▌本書の特徴

　本書の執筆過程では，企業側におけるM&A戦略の策定を担っている実務者の方々にもインタビューを行いながら，よりリアルな企業の実態を反映しつつ，内容を展開するように心がけている。

　「なぜ，M&Aが失敗したのか」，「なんで，そんなことが起こるのか」，「なぜ，それが防げなかったのか」という原因の掘り下げについては，失礼にあたるような質問もあったかもしれない。インタビューにご協力いただいた方々には感謝を申し上げたい。

　なお，各章冒頭に要旨をまとめているが，この要旨だけ読むと，当たり前の方法論が書かれているという印象をお持ちになるかもしれない。しかし，当たり前のことを当たり前にできておらず，失敗に至っているというケースが多いのである。そのため，本書では，なぜそのようなことが起こってしまうのか，原因および対応策についても考察しており，読めば読むほど味があるというような内容になっている。

　なお，本書において考察する事例は，実在する企業の例ではない。典型的なパターンであると考えられるような架空のストーリーで事例を作成して，M&A戦略策定のエッセンスを掴みやすいように工夫している。また，インタビューの内容についても，発言をそのまま紹介しているわけではない。筆者の解釈を交えて本書への落とし込みを行った。

　「これがM&Aの成功メソッドである」という魔法のようなアドバイスをすることは叶わないが，日本企業のM&Aを少しでも良い方向に導けるようにとの思いで本書を執筆している。本書が読者の一助になれば光栄である。

　本書は，事業会社でM&Aに関わる方の中で，比較的経験が浅い方を対象としている。M&A戦略に関する新しい方法論を示すような内容としているわけではなく，実際の企業での失敗談，「あるある話」を織り込みつつ，その「あるある」が起こる原因を特定して，それに対しての改善アプローチを提示している。M&Aの手順を細かく説明している通常の実務本とは違ったテイストとなっている。

▎本書の構成

—PART Ⅰ

　M&A戦略とは何か，なぜM&A戦略が重要なのか，M&A戦略をどのように策定するのか，という基礎的な事柄について解説を行う。**第1章**では，導入としてM&A概況やM&A戦略について触れたい。**第2章**では，M&A戦略策定の実務面について解説を行う。

—PART Ⅱ

　M&Aでの典型的な失敗事例から，なぜ，M&Aが失敗に至るのかについて考察を行う。本書では，失敗のパターンを9つに分類している。**第3章～第11章**において事例を用いながらM&Aが失敗に至る理由を解明し，それを踏まえつつ，どのようにM&A戦略を策定していけばよいかを考察する。

—PART Ⅲ

　PART Ⅱでは様々なパターンから解説を行うが，**PART Ⅲ**では本書のまとめ，演習や生成AIの活用への考察について記載する。**第12章**では，M&A戦略をどのように機能させるか，**第13章**では，良いM&A戦略の策定について解説する。**第14章**では，簡易的な模擬演習として架空ケースを用いてM&A戦略の策定を行っている。**第15章**では，最近のトレンドであるChatGPTがM&A戦略策定に活用できるかどうかについて考察を行っている。

PART I

M&A戦略の基本中の基本

第 1 章

戦略がM&Aの成否の命運を握る

Summary

　M&A戦略は，「なぜ重要なのか？」。答えとしては，M&A戦略は進むべき方向性を示し，M&A戦略なきM&Aは地図や羅針盤のない航海と同じであり，M&A戦略がないと目的地（経営戦略のゴール）にたどり着かないためである。

―平時からM&A戦略を準備しておくのが重要である

　何事も平時からの備えが重要であるが，M&A戦略も同じである。持ち込み案件があってからM&A戦略策定に着手するとシナジー検討などに十分に手が回らない。また，PMIは後回しにされがちであるが，後手に回ることを避けるためにも戦略策定の段階から大まかなガバナンス体制等の概略の検討をしておくとよい。

　M&A戦略の策定に際しては，社内の合意形成を図りながらM&Aの方向性を検討する。社内で，どこまでの範囲で合意形成を図るべきなのかはM&Aプロセスのフェーズや，影響範囲によって異なる。基本的な考え方としては，「Need to knowの原則」で必要最小限のメンバーにとどめるのが望ましい。

―M&Aにおける成功の定義は案件ごとによって異なると認識する

　M&Aの成功の判断軸は，戦略上設定された施策が成し遂げられているのか否かを基準に考えるのがよい。このため，戦略や目標が異なれば成功の定義が異なってくるという形となる。単独のM&Aのみを切り取って評価したり，かつ業績のみで評価してしまうと，短期的な数値を追い求めることにつながり，とりわけ中長期的に多角化を目指している局面では，賢明ではない。

―状況によってM&A戦略は変わりうるということを理解する

　M&A戦略を考える際には，自社の状況，買収対象企業の状況，外部環境の状況を考えながら策定を行う。したがって，状況が異なれば適切な戦略は変わりうるというのが妥当な考え方である。M&A戦略には，一般解は少なく，特殊解が大半であるということを念頭に置きながら検討を進めていくことが肝要である。

　戦略なきM&Aは，地図や羅針盤がない状態で船出をするのに等しい。いくら頑張っても目的地にたどり着くことなく，陸地にたどり着いたとしても目的地ではない。

　M&A戦略は，経営戦略・事業戦略とM&Aをつなぐためのものであり，企業がM&Aを進めていく際の羅針盤的な役割を果たす。この章では，M&Aの概況やトレンド，M&A戦略に関しての概略を述べる。

1 ▌M&A概況

⑴　日本企業のM&A件数は最多を更新

　日本企業が関連するM&Aの件数は，リーマンショック後の景気後退によって減少傾向であったが，アベノミクスによる景気回復や，ベンチャー投資および事業承継としてのM&Aの増加が後押ししてM&A件数は右肩上がりであった。2020年に件数が減少に転じているが，これはCOVID-19の影響である。

　COVID-19の影響については，2023年の執筆時点では緩和されつつあり，先行きも見通しやすい状況になっているが，日本で初めて感染が確認された2020年は緊急事態宣言が発令されたり，海外・国内の出張が制限されたりしてM&Aにもネガティブな影響が出た。その後，2021年および2022年は過去最多のM&A件数を更新しており，2022年では4,304件のM&Aが実施されている。単純計算ではあるが，1日当たり11～12件程度のM&Aが実施されていることになり，多くの企業がM&Aに取り組んでいることがわかる。これは成立した案件の数であり，成立しなかったものも含めると，さらに件数は多くなる。これだけ取り組んでいるM&A件数が多くありながら，一部のM&A巧者を除いて失敗に至るケースが多いのはなぜだろうか。これが本書において明らかにしたい問いの1つである。

⑵　超大型M&A件数が少なく，金額ベースでは伸び悩み

　なお，過去のM&A金額については，数兆円規模の超大型M&Aの有無に大きく左右される。2018年は医薬品業界で超大型のM&Aが行われたことにより，日本企業によるM&A金額の合計が29兆円を超えている（**図表1-1**）。それ以

外の年については2015年以降は11〜18兆円で推移をしている。M&A件数が増えつつ，金額は件数の増加基調の影響をあまり受けていないように見受けられるのは，規模の大きい傾向にある海外M&Aが直近伸び悩んでいることや，ベンチャー投資や事業承継に関するM&Aなど規模の小さいM&Aが増加していることといった様々な原因が背景にあると考えられる。

図表 1 - 1　M&Aの件数・金額推移（日本企業が関連するM&Aに限定）

（データソース：レコフM&Aデータベース）

⑶　クロスボーダーM&Aは，COVID-19前まで戻り切っていない

　国内企業による国内企業の買収（In-In）が，M&A件数の増加をけん引している。2008年は1,824件であったが，2022年は3,345件と1,500件超の増加である（**図表 1 - 2**）。

　次に多いのが国内企業による海外企業の買収（In-Out）であるが，2008年時点で377件であったが，2022年では625件と約250件程度の増加である。なお，COVID-19以前の2019年は826件であったが，まだ件数が戻り切っていないという状況である。2020〜2021年は海外への渡航制限等もあり，クロスボーダーのM&A件数にも一定程度の影響を及ぼしていると考えられる。

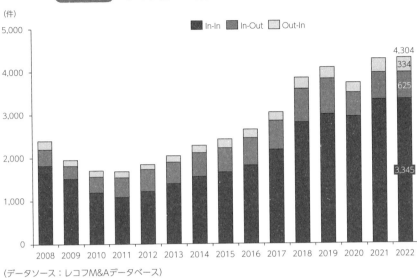

図表1-2　タイプ別M&A件数の推移（In-In/In-Out/Out-In）

（データソース：レコフM&Aデータベース）

⑷　ベンチャー投資や事業承継M&Aが増加

　M&Aの件数が大きく伸びている一方で金額がそこまで伸びていない背景には，クロスボーダー案件が伸び悩んでいるということ以外にベンチャー投資や事業承継のM&Aの件数が増えているという背景がある。ベンチャー投資や事業承継のM&Aはディール金額が比較的小さいものが多い。大企業が新しい技術を求めてベンチャーに投資する，もしくはCVC（Corporate Venture Capital）投資も多くなっている（**図表1-3**）。

　また，事業承継のM&Aについては，2018年に500件台であったものの，2022年には年700件を超えている（**図表1-4**）。増加の背景については，中小企業における後継者不足というような問題があり，M&Aによってその問題を解消し，事業をつなげていくという流れがある。

（データソース：レコフM&Aデータベース）

2 ┃ M&A戦略概論

(1)　M&A戦略の定義および役割

　企業経営の文脈において，戦略とは「企業が競争優位性を築くための方向性や指針」という意味合いで用いられるが，M&A戦略は「全社戦略と整合性をとりながら，企業がM&Aを通じて競争優位性を築くための方向性や指針」という意味合いとなる。あえて，「全社戦略と整合性をとりながら」と定義しているのは，M&A戦略は単独で成り立っている戦略ではないということを明確化するためである。全社戦略と整合性をとっていないM&AはM&A自体が目的化することにつながり，結果としてM&Aが失敗するリスクが増すことになる。全社戦略や事業戦略から独立してM&A戦略が形成されて実行されることがあってはならないが，実際の現場ではM&A戦略が独立しているようなケースがあり，今一度，M&A戦略の位置づけについては強調しておく必要があるだろう。

(2)　M&A戦略の位置づけ

①　M&A戦略はM&Aプロセスの最上流に位置し，後続フェーズの羅針盤となる

　M&A戦略は，プレM&Aのフェーズに位置づけられる（**図表1-5**）。M&A

戦略はM&Aの最上流プロセスであるが，実際には，さらに上流のフェーズとして経営戦略や事業戦略のフェーズが存在する。フェーズに区切って表すと誤解が生まれるかもしれないが，M&A戦略は最初に作って終了というわけではない。ターゲット・スクリーニング，デューデリジェンス，PMI等を進めていく際にも，常にM&A戦略で想定したことが成し遂げられるのかを確認する必要がある。たとえば，ターゲット・スクリーニングであれば，何がM&Aにおける必須条件なのか，事業規模，事業内容，買収形態，等を決めていく必要があるが，その際に，M&Aで何を成し遂げたいのかが戦略の中で固まっていると容易に作業を進めることができる。

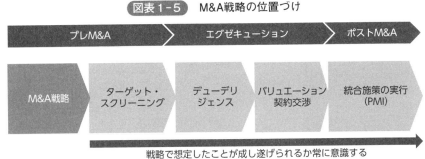

図表1-5　M&A戦略の位置づけ

（出所：デロイト トーマツ ファイナンシャルアドバイザリー合同会社作成）

②　戦略立案が重要だと認識している企業は多い

　M&A成功に向けた重要局面として，戦略立案を第1位に選んだ企業が30%を占めている（**図表1-6**）。一方で，M&Aの失敗事例を振り返ってみると，M&A戦略が原因で失敗に至ってしまっているケースが多いが，重要だと認識しているにもかかわらず，原因につながっているという不思議な現象が起こっている。なぜ，M&A戦略に起因して失敗する事例が多いのかは後ほど事例で考察していくため，ここでは多くの企業がM&A戦略について重要だと認識している点だけ触れておきたい。

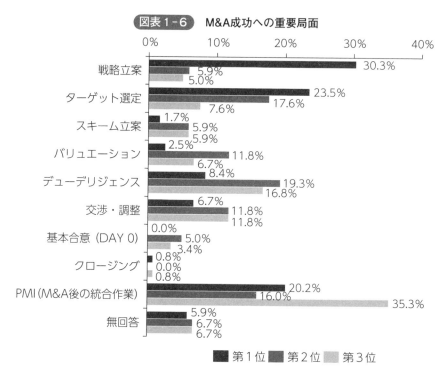

図表 1-6　M&A成功への重要局面

（データソース：森口毅彦（2017）『わが国企業におけるM&Aの成否評価とPMIの実態：アンケートによる実態調査研究にもとづいて』（富山大学，Working Paper No. 306））

③　M&A戦略策定は合意形成プロセスの一環にもなる

　M&Aに限らず，新しい挑戦やリスクの高いプロジェクトでは，多様な意見が噴出して，合意形成が図れず，頓挫しがちである。もちろん意見を取り入れながら，より良いものを作り上げていくということは重要であるが，進むべき方向性が決まっていないと，話がまとまらない。たとえば，M&Aを用いて新規領域への進出を検討する場合，買収対象企業の技術がいまいちであるか，そもそもM&Aをする必要があるのかといったネガティブな意見が出たり，既存領域でコスト削減を求められている部門があからさまに反対してきたり，財務上のリスク面を大げさに指摘してくる，などである。社内だけでも様々な意見が出るが，さらに社外のステークホルダーやメディア等も含まれてくると，M&Aにおいて目指すべき軸が定まっていなければ，各々が納得いく説明を行

うことが困難であることは容易に想像がつくだろう。

④　M&Aを実施しないという選択がよい場合もある

　安易にM&Aに逃げ道を求めないという戦略が有効である場合もある。たとえば，本業の立て直しが必要であり，M&Aよりも自社の本業にリソースを割くのが自社として重要な場合にはM&Aをしないという選択もありうる。

　また，狭義のM&Aではなく，広義のM&Aである業務提携や資本提携に留めたほうがよい場合もあり，買収することが唯一の有効な手段ではない（**図表1-7**）。状況に合わせてとる手段を変えるという考え方をすべきである。あくまでもM&Aは自社のやりたいことを実現するための１つの手段であり，経営上の目標とそれを実現するための戦略をベースにして適切な選択肢を検討する必要がある。

図表1-7　　M&Aの形態

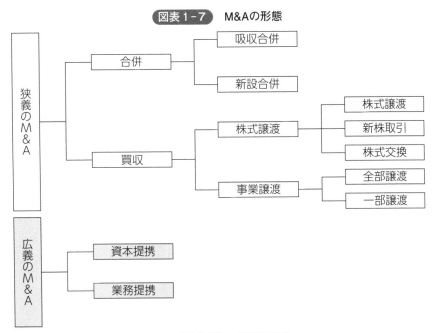

（出所：デロイト トーマツ ファイナンシャルアドバイザリー合同会社作成）

3 | M&Aの成功とは

(1) M&Aの成功率

　デロイトトーマツ コンサルティング合同会社で実施したアンケート調査によれば，自社で実施した海外M&Aを成功と回答している企業は4割程度となっている（**図表1-8**）。M&Aが失敗に至る理由はフェーズごとに存在しており，色々なパターンがある。たとえば，高値で買収してしまった，時間がタイトで十分なデューデリジェンスが実施できなかった，PMIがうまくできなかった等で挙げ出すとキリがない。

　色々なアンケート調査があり，成功率を5～6割とするようなものもあるが，数字の違いはM&Aの成功の定義や母集団によるものであり，あまり数字の差は重要ではない。失敗に至る企業が多いという事実を認識し，その原因の追究および対策を考えることが重要である。それが，将来的にM&Aの成功率を上げていくということにつながるだろう。

　詳細は**PART II**で取り上げる事例の中で解説していくが，エグゼキューションやPMIでの失敗でもM&A戦略で防げるものがある。

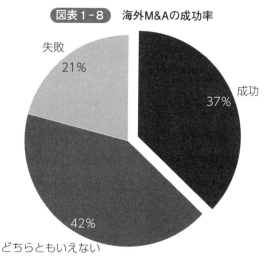

図表1-8　海外M&Aの成功率

失敗 21%

成功 37%

どちらともいえない 42%

（データソース：デロイト トーマツ コンサルティング合同会社「日本企業の海外M&Aに関する意識・実態調査 (2017年)」）

　なお，念のために触れておくと，4割程度の成功率というのは海外M&Aのものであり，M&Aの難易度は，海外＞国内という関係性のため，国内M&Aも含めた成功率は4割以上となっていることが想定される。海外のM&A案件の難易度が高いのは，商習慣や言語の違い，現地の土地勘がない，等の理由が一般的には挙げられる。

⑵　M&Aの各プロセスの自己評価

　M&A戦略の策定について「うまくできた」と回答した企業が24%,「どちらかといえばうまくできた」は44%であり，これらを合計すると68%となり，多くの企業がうまくいったと回答している。また，他の取組みであるターゲット・スクリーニング，デューデリジェンス，企業価値評価（バリュエーション），条件・契約交渉・クロージング，PMI（経営統合）についても「うまくできた」,「どちらかといえばうまくできた」を合計すると60%を超えている。「どちらともいえない」という項目も含めると，すべてのプロセスにおいて80%を超えており，うまくいかなかったと考えている企業が少ないのが実態である。

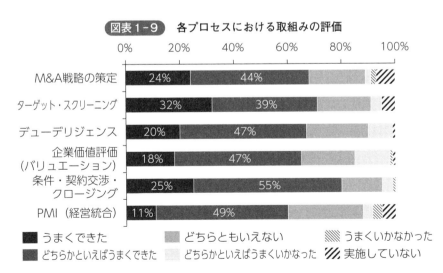

図表1-9　各プロセスにおける取組みの評価

（データソース：デロイト トーマツ コンサルティング合同会社「日本企業の海外M&Aに関する意識・実態調査（2017年）」）

　本書の執筆を通じてM&A責任者／担当者にインタビューを行ったが，M&A戦略の方向性はよかったものの，シナジーの検討が甘かった，そもそも戦略が機能しなかったというような意見もあり，このアンケート調査の数字に隠されている背景は事例考察を通じて明らかにしていきたい。

⑶　M&Aの成功要因
―「経営・事業戦略上の買収意義の明確化」を挙げる企業が多い

　過去に実施した海外M&Aの成功要因のうち最も高い比率となっているのが「経営・事業戦略上の買収意義の明確化」（83%）である。これは第2位の「シナジー実現に向けた施策推進の徹底」（47%），第3位の「シナジー創出により十分回収できる買収価格の設定」（42%）と比較をすると，ずば抜けて高い。

　この数字をみて，少し違和感を持つのではないだろうか。「経営・事業戦略上の買収意義の明確化」が成功要因であり，かつ先述のアンケート調査でM&A戦略の策定がうまくできた，どちらかといえばうまくできた，と回答している企業が多い。それにもかかわらず，M&Aの失敗が多いというのは矛盾

図表1-10　過去に実施した海外M&Aの成功要因

項目	比率
経営・事業戦略上の買収意義の明確化	83%
シナジー実現に向けた施策推進の徹底	47%
シナジー創出により十分回収できる買収価格の設定	42%
買収後の統合(PMI)に対する方針の明確化および浸透	42%
案件責任者のリーダーシップ，コミットメント	34%
買収先企業に関する事前の情報収集（案件が市場に出る前から買収候補として検討）	27%
買収先企業のガバナンス	26%
買収判断（評価指標等）・承認プロセスの明確化	19%
外部専門家による適切なサービス提供	19%
過去のM&A経験・能力の蓄積および社内での共有	16%
社外取締役の買収意思決定における早期からの参画	4%
その他	2%

n=101

（データソース：デロイト トーマツ コンサルティング合同会社「日本企業の海外M&Aに関する意識・実態調査（2017年）」）

が生じているように見える。この矛盾の背景についても**PART Ⅱ**の事例の中で考察していきたい。

――「新規事業への参入」をM&Aで実現するためには平時からの準備が非常に
　重要

　海外M&Aの目的別の成功・失敗の傾向をみると，成功企業では「グローバルシェアの拡大」，「既存事業を補完する製品／技術の獲得」等の自社の既存領域の強化を目的としている割合が高い。

　その一方，失敗企業では「新規事業への参入」を目的としているケースが多い。「新規事業への参入」といっても，買収対象企業はすでに事業を行っており，自社で新規事業を立ち上げるわけではない。それにもかかわらず，失敗企業が多くなっているのはなぜか。

　既存領域を強化する場合は，自社の既存事業との関係上，戦略的意義が見出しやすく，自社のリソースを用いながらテコ入れができるが，新規事業の場合にはそう簡単にはいかないからである。

　新規事業に投資をするべきではないと言っているわけではない。しっかりと自社の既存事業とその新規事業との間の戦略的意義を見極めつつ，どのようにシナジーを出していくのか，どのような体制でM&Aを推進していくのか，どのようにPMIを行っていくのか等について，プレM&Aで念入りに検討しておく必要がある。持ち込み案件でかつ，それが新規事業への参入である場合も考えられるが，持ち込みが行われてから検討をするのでは時間が足りない。そうした案件が持ち込まれることも想定して，平時から事前調査も含めた準備を行っておくことが重要である。

　また，平時からの準備は「M&Aの目的化」を防ぐためにも必要になる。M&Aでは，一度ディールのプロセスに入ると，買い手側の社内では前のめりな検討になってしまうことが多く，M&Aそれ自体が目的化してしまう。そうなると，戦略も後付けで，少し無理があるような内容が多くなってくる。デューデリジェンスやバリュエーション等の業務も動いてくると，もはや原点に立ち返って戦略を議論する余裕もなくなるのが実際の現場である。

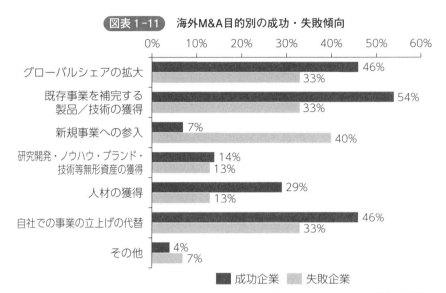

図表1-11 海外M&A目的別の成功・失敗傾向

（データソース：デロイト トーマツ コンサルティング合同会社「日本企業の海外M&Aに関する意識・実態調査（2017年）」）

一失敗理由はM&A戦略に帰結する

　M&Aが失敗に至る理由を，プレM&A，エグゼキューション，ポストM&Aのフェーズごとに分けて，エグゼキューションやポストM&Aでの失敗の要因を考察すると，プレM&A（M&A戦略策定時）で未然に防げるものが多いことがわかる。

　たとえば，デューデリジェンスへの対応の時間が不足しており，十分な検証ができないという失敗要因についてさらに考察してみると，買収対象企業の提供する資料が不十分というケースもあるが，買収対象企業の協力が思ったように得られない場合や調査量が多すぎて対応できないというケースがある。

　後者についてはM&A戦略に帰結する問題である。対象企業の協力が得られないという点については，戦略を明確化して買収対象企業にうまくアピールできていないことが原因になっている場合がある。また調査量の問題も，M&Aで成し遂げたいことをしっかり明確化しつつ，調査の対象範囲を絞り込むことができれば，調査量を減らすことができる。目的が定まっていないと，とりあえず調査するという形になってしまい非効率極まりない。

⑷　M&Aが成功か否かの判断基準

　一方，そもそも論として成功と失敗について，どのように定義すればよいだろうか。本書では，大まかに次の3つ，すなわち①企業価値向上，②経営目標達成，③ステークホルダーからの評価に分けて考えてみたい。

―M&Aが企業価値向上に結び付いていること

　M&Aの結果の評価については，定量的な評価と定性的な評価が考えられる。企業価値からの評価は，定量的なアプローチとなる。企業価値がすべてではないものの，企業価値が高まれば株主やその他のステークホルダーにとってメリットが生じやすくなるため，評価軸の1つとして捉えることができる。また，買収対象企業とのシナジーが実現できれば企業価値の向上に結び付くことになるため，その意味でも企業価値は評価軸となりうる。

―M&Aが経営目標達成のために貢献していること

　経営目標の達成に寄与しているかどうかについても，定量的なものと定性的なものに分けられる。定量的なものであれば，たとえば，中期経営計画において売上高，営業利益の成長を見込んでおり，その達成に寄与するかどうかという視点である。一方，定性的なものに関しては，海外事業の開拓であったり，新しい事業の立ち上げのようなものが含まれてくる。たとえば，これまで国内市場に特化をしていた場合で，海外販社や製造会社のM&Aなどを通じて海外市場開拓の足掛かりができたようなケースであれば，現時点では業績に寄与していなかったとしても，定性面では一定の評価ができるだろう。

　単に数値面だけではなく，定性的な面でも経営目標の達成に対して寄与しているのであれば，そのM&Aを評価することができる。

　ただし，中長期的な戦略に向けた布石という位置づけで，短期的には利益に貢献しないM&A案件の成否をどのように取り扱うかについては，状況に応じて検討する必要がある。最初から利益貢献がないことがわかっているのであれば，そのM&Aがどのように位置づけられるのかをあらかじめ定めておく必要があり，その認識をステークホルダーと共有し，理解を得ておくことが肝要である。

―株主，債権者，役員，従業員などステークホルダーから評価されること

　企業には多様なステークホルダーが存在しているが，それぞれのステークホルダーから評価されるというのも1つの軸となる。ただし，現実問題としてはすべてのステークホルダーから高い評価を得ることは困難である。たとえば，株主1つをとってみても，短期志向の株主がいたり，中長期的な成長を望む株主がいたりする。そのため，どのステークホルダーからの評価を軸に考えているのかによって，評価内容が変わってくる点に留意が必要である。

図表1-12　成功の定義の典型パターンの例示

	M&A成功の定義	概要
企業価値向上	M&Aが企業価値向上に結び付いていること	■ M&Aによって買収企業の企業価値が高まっているか
経営目標への寄与	M&Aが経営目標達成のために貢献していること	■ 定量目標達成に貢献しているか 　➤ 売上高，利益，成長率等 ■ 定性目標達成に貢献しているか 　➤ 海外展開，新規事業の推進
ステークホルダーからの評価	株主，債権者，役員，従業員などステークホルダーから評価されること	■ 株主：株式価値の向上 ■ 債権者：貸付金の増加や信用リスク低下 ■ 役員：役員報酬の増加 ■ 従業員：給与支給額の増加，等

(出所：デロイト トーマツ ファイナンシャルアドバイザリー合同会社作成)

―M&Aの成否は評価するタイミングも重要

　いつの時点で成功，失敗の判断をするかによっても，評価は変わってくる。あまりガチガチに成功や失敗の定義をしないほうがよい場合もある。将来の見通しは常にわかっているわけではない。外部環境変化が起こって，これまで失敗と言われていたM&Aが成功に転じることもある。1980年代後半に行われた大型M&Aで，様々な批判があったものでも，20年ほど経って成功と呼ばれるようになった事例もある。

　また，ポートフォリオの入れ替えによって単独の売却案件であれば失敗に見

えるものであっても企業全体でみると資産効率が向上しているようなケースもある。売却された企業についても，業績が向上しているようなケースは成功事例として定義ができるだろう。

　短絡的に１つの事例だけで成功，失敗を判断するようなことは避けるべきである。ステークホルダーの多くがこのような考え方をできるようになることで，企業がより柔軟な意思決定をできることにつながり，中長期的な企業価値の向上，さらには日本企業の競争力強化につながる。

　M&Aの成否を評価するタイミングについて，アンケート調査の結果をみてみると，１年以内と答えた企業が約70％を占めている。私見ではあるが，少し評価するタイミングが早すぎるのではないだろうか。PMIでは「Day300」と呼ばれるようにおおむねの統合作業は300日以内に終わらせるようにプランを設計することが多いが，成否判断のタイミングは長めにみたほうがよい。M&Aの目的としてやりたかったことが実現できるまでには，それなりに時間を要する傾向があるため，早計に評価するのは望ましくない。

図表 1-13　M&A後の成否の評価タイミング

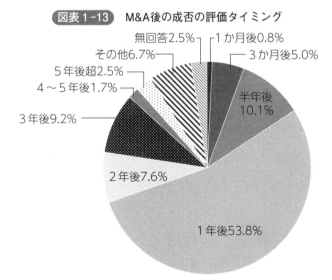

（データソース：森口毅彦（2017）『わが国企業におけるM&Aの成否評価とPMIの実態：アンケートによる実態調査研究にもとづいて』（富山大学，Working Paper No. 306））

一成功の定義は案件によって異なるべき

　M&Aは様々な背景や状況のもとに実施をすることになる。買収対象企業が自社が望むようなケーパビリティをすべて持っているわけではない。買収対象企業は別に買い手企業のために事業を行っているわけではなく，求めているケーパビリティと買収対象企業のケーパビリティが完全に一致しないことは当然である。

　M&Aがオークションで行われる場合には，買収価格が高くなってしまうこともある。色々なパターンがM&Aにはあり，何が成功なのかは案件ごとに変わってくるため，評価をするための軸も変わってくるべきである。

　なお，戦略的に間違っていても外部環境の変化によって業績が好調に推移して連結ベースで収益に寄与するケースがある。このようなケースを成功として分類していいものだろうか。これを成功として分類してしまうと，戦略的に合致しているものの外部環境の影響で業績が悪化しているケースを失敗として分類することにつながってしまう。したがって，戦略的に間違っている案件については失敗として整理するのが望ましい（ちなみに，あえて声高に失敗という必要はない）。

4 ┃ M&A戦略に関するよくある勘違い

(1)　「戦略は絶対である」という勘違い

　上記のように戦略がM&A成否の重要な判断軸であると説明をすると，「戦略は絶対である」と考える向きもあるかもしれないが，それは誤解である。それは，状況が変わればとりうる戦略は変わってくることからもわかるだろう。自社の状況，買収対象企業の状況，外部環境の状況が変われば，とるべき戦略が変わってくるのは当たり前であり，立てた戦略どおりに進めれば間違いないといった絶対的なものではない。状況に応じて見直しを行うことが求められる。M&A戦略に限らず，経営戦略や事業戦略の策定が難しいのは状況に応じてとるべき戦略が変わってくるためである。

　また，状況を適切に認識するだけでも大変な労力ではあるが，複数の戦略オプションの組み合わせや，時間軸，ケーパビリティや予算の制約条件，企業の

DNA（企業の成り立ち，組織文化）等も考えながら最適な戦略を練り上げていくというのは，非常に大変な作業である。

　かつ，仮にある時点において適切な状況把握ができたとしても，将来は正確に予測ができないという問題もある。たとえば，COVID-19のようなパンデミックに対策が必要だと予測できていた人が，果たしてどれだけいるだろうか。ビル・ゲイツ氏が2015年のTED Talkの中でパンデミックに対する対策の重要性を指摘していたが，これは例外中の例外であろう。おそらく世の中のほとんどの人はパンデミックが起こることについて予測ができてはいなかった，かつ対策の必要性について理解できていなかったであろう。

　そのほかにも，ロシア・ウクライナ情勢や，過去にさかのぼると東日本大震災やリーマンショック等のような予測することが難しく，かつ発生した際に事業活動にも甚大な影響を及ぼす事象までを含めて，外部環境の状況を把握するのは，ほぼ不可能ではないだろうか。

　そのため，想定外のことが起こるという前提のもとで，すべてのシナリオに対応できるわけではないのだとすると，状況が変わって戦略にも修正が必要なのであれば，即座に対応することが求められる。

図表1-14　近年の代表的な事象

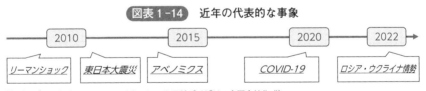

（出所：デロイト トーマツ ファイナンシャルアドバイザリー合同会社作成）

① トレンドが予測できる部分もある

　将来の予測を正確に実施するのが難しいにしても，ある程度の予測が可能なトレンドは存在している。たとえば，代表的なものでいくと，今後もIT化が進むというのは間違いないだろう。それによって，完全にはなくならないにしても，たとえば，CDショップ，本屋が減っていく，というトレンドは予測が可能なものといえる。

　ほかにも技術開発の動向を分析すると，将来の予測に役立つものがある。た

とえば，現在は当たり前に利用されている音声翻訳については13年前の2010年頃はまだ黎明期に当たる。現在はまだ開発中の技術であっても，将来当たり前に使われるようになることもあるため，このような技術開発の動向を参考に次のトレンドを予測することは有益である。

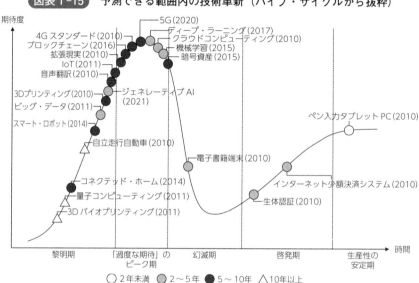

図表 1-15　予測できる範囲内の技術革新（ハイプ・サイクルから抜粋）

（データソース：Gartner「先進テクノロジのハイプ・サイクル」2010年版〜2021年版）

②　予見できる未来と，予見できない未来を分ける

　たとえば，これまで人にしかできないと思われてきた仕事が，想定もしなかった形でAIに置き換わっていくこともあるだろう。しかし，これが事前に予測できないのかというと大まかな動向は予測が可能であると考えられる。

　ChatGPTなどのジェネレーティブAIは，2021年時点では黎明期であったが，2年前ぐらいから登場が予見できたということである。そのため，直近のハイプ・サイクル（技術等の普及度合い，トレンドの変化等を表すグラフ）を確認することで，ある程度のトレンドを予測することができる。

　将来を完全に予見することは不可能であるが，将来見通しを議論する際には

一定程度のトレンドが予測できるもの，もしくは全く予見ができないものを明確に分けながら議論していくことが重要である。

(2)　「戦略は合理的な思考の産物である」という勘違い

　戦略がフレームワークや形式立ったやり方で策定されていると思われる方も多い。当初立てた戦略がすべてうまくいくわけでもない。創発戦略のように実際に策定した戦略が実際に実行してみようとすると適しておらず，現場の発見によって戦略を転換するというようなことも起こっている。

　そうであれば，戦略を作る意味がないのではと思われるかもしれないが，不確かなところは柔軟性を持たせておくということが重要である。たとえば，創発戦略の代表的な例として二輪事業の北米展開がよく取り上げられる。元々の事業戦略では大型バイクでの展開を考えていたが，実際に事業展開を始めてみると小型バイクのニーズがあることが判明して戦略を切り替えたという例である。

　この例では，北米，二輪事業の拡大という軸はぶれていないが，大型なのか小型なのかというところで戦略変更が行われている。そもそも大型二輪のニーズが大きいという予測に基づいて戦略を立てているため，事業を始めてみて小型二輪のニーズのほうが大きいということがわかってきたのであれば，戦略を変更する必要性が出てくる。このようにそれまでの事業展開を踏まえて合理的に戦略を作ったとしても，それがいつも正しいとは限らない。

　アイディア創造の段階においても，右脳的な発想に基づいて思考をしたりしながら戦略を考えており，合理的に説明できない部分も含まれている。

　また，M&A戦略を策定する際には，仮説ベースで戦略を組み立てていくが，そうして策定される戦略仮説も，状況に応じて常にブラッシュアップしていくことが求められる。そのため，一番最初に作ったM&A戦略がそのまま継続されるわけではなく，戦略仮説のブラッシュアップとともにM&A戦略も進化させていくことが求められる。このブラッシュアップには終わりはない。常に戦略仮説は進化させ続けなければならないと考えたほうがよい。手に入らなかった情報がふとしたときに入ってくることや，想定していなかった状況変化が起こるからである。

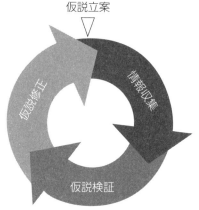

図表 1-16　戦略仮説のブラッシュアップイメージ

(出所：デロイト トーマツ ファイナンシャルアドバイザリー合同会社作成)

―戦略仮説のブラッシュアップはOODAアプローチの考え方に近い

　よくPDCAとOODAの比較を目にすることがあるが，戦略仮説のブラッシュアップの考え方はOODAループに近いと考えている。データを集めながら，状況を理解して方向性（仮説）を決めて，意思決定をし，実行するというループはPDCAというよりはOODAに近い。PDCAとOODAのどちらを使うのがよいのかという議論も見かけるが，PDCAは生産管理，OODAは戦場において意思決定をする際の考え方が発祥であり，そもそもの文脈が違うということがあ

図表 1-17　PDCAとOODA

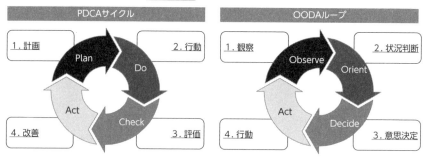

(出所：デロイト トーマツ ファイナンシャルアドバイザリー合同会社作成)

る。ただ，OODAは仮説検証のアプローチに近いため，この考え方は戦略策定にも活かせると考えている。

(3)　「M&A戦略は目指すべき目標を示している」という勘違い

　M&A戦略の主眼は，M&Aでの目標をどのように達成するのかの道筋を示すことである。もちろん戦略の中で目標を定めることにはなるが，目標をどの程度に定めるのかが重要なのではない。企業の戦略について調べていると「売上○%増加，利益率○%」というような目標しか書いていない戦略を見かけることがある。戦略と目標を勘違いしているケースである。わかりにくいかもしれないので，もっと簡単な例で説明をすると，サッカーの試合において，我がチームの戦略は「勝つことである」と言っているに等しい。本来は，相手チームの選手がどのような能力を持っていて，どんなスタイルで戦ってくると想定されるので，自分たちはどのような戦い方をして勝つのかという道筋を示すのが戦略である。

5 ┃ そもそも戦略とは何か

　戦略という言葉をビジネスの文脈で聞くと，経営戦略や事業戦略が頭に浮かぶが，時代をさかのぼると元々は軍事戦略に由来している。文献としては，古くは紀元前500年頃（約2500年前）に著された孫子の兵法書までさかのぼることができる。中国の春秋時代に軍事思想家の孫武によって書かれた兵法書である。

　戦略という用語は英語で表記するとStrategyとなるが，語源としては古代ギリシアのStrategos（ラテン語）とされている。軍事上の指導職を指しており，現代で使われている戦略の意味合いとは異なる。1800年代前半にはナポレオンとの戦いで知られているクラウゼヴィッツの『戦争論』もあり（それ以外にも色々とあるが，本書では詳細は割愛），様々な軍事戦略の考え方が生まれていた。

　ビジネスに話を戻すと，1900年代前半は企業経営ではテイラーの科学的管理法という考えが出てきていた。科学的管理法とは要約すると作業効率を向上さ

せて，管理をきちんと行うことで生産性を上げるというものである。

　その後，1960年代頃から経営戦略に関する様々な理論が発展する。代表的なものでは，ポジショニングをベースに戦略を考えるSCP（Structure-Conduct-Performance）理論，企業のリソースをベースに戦略を考えるRBV（Resource Based View）がある。そのほかにも創発戦略，ブルーオーシャン戦略など様々な戦略の考え方がある。

　良いM&A戦略は，M&Aによって企業の競争力を高めることができるかについて，その道筋が描けているものである。他社との競争に打ち勝ち，自らの競争優位性を作り上げる。既存市場での優位性も重要となるが，既存市場にとどまらず，自ら市場を作り上げていくという別の視点も重要である。M&Aによって自らの未来を実装するための戦略でもある。

　競争力を高める戦略を十分活かすためには，少なくとも「典型的な失敗パターンを繰り返さない」ということが重要である。失敗パターンにはまると戦略が機能しないからである。

　なお，外部に公表されている情報がすべてではない。たとえ「戦略」と銘打たれたものが公表されていたとしても，それはあくまで対外的に公表するための戦略であり，細かい情報は開示されていない。競合環境を分析するためにそうした情報を参照するのであればかまわないが，自社の戦略を立てるために他社の公表された戦略を参考にするのは避けたほうがよい。公表された情報の質の問題に加えて，自社の状況と他社の状況は異なるので，安易に他社の戦略を模倣するべきではない。

　本章では，簡単にM&A戦略の全般的な留意点について触れてきたが，M&A戦略の策定プロセスの詳細は次章以降で解説を行いたい。

着想コラム①　神は細部に宿る（God is in the details）

　世界３大建築家の１人であるミース・ファン・デル・ローエが残した名言として、「神は細部に宿る（God is in the details）」という言葉がある。いくつかの解釈があるが、「細部にまでこだわって仕上げたものが良い仕上がりとなる」、「優れたこだわりは、細部にもあり一見するとわかりにくい」というのが通説である。

　細部までこだわりが詰まった建築物は素晴らしいものがあるが、もちろんビジネスでも同じことがいえる。細部までこだわっているものは全体的にも内容の質が高い傾向がある（細部だけにこだわって中身のないものも当然あるにはある）。

　「優れたこだわりは、細部にもあり一見するとわかりにくい」という面についても戦略でも同じことがいえる。どんなに考え抜かれた戦略であっても、文章化されたアウトプットだけをみると、普通のことが書かれているようにしかみえないこともある。しかし、その戦略に至ったロジックを辿っていくと、色々な試行錯誤があったことがわかる。パッと見てわかりにくい疑問符がつくような戦略にも、差別化要素が隠されていることがある。インタビューで戦略の策定背景やロジックを聴くと、「なるほど」と腑に落ちる。文章だけでは読み取れない細部へのこだわりが隠されているのだ。

　また、ミース・ファン・デル・ローエは「少ないほうが豊かである（Less is more）」という言葉も残している。

　戦略も余計なものがないほうが美しい。細部にこだわりつつも、軸がブレずにシンプルに戦略を語れることが重要である。その軸に従って余計な部分はそぎ落として洗練された戦略を作る。余計な部分をそぎ落とせないのは、優先順位を決めていない、軸が固まっていないことの裏返しである。

　優れた戦略は思考の結晶である。戦略として非常に面白く、ワクワクするような要素も織り込まれている。このような戦略を作るには非常に労力を要するが、失敗を未然に防ぎ、将来的な成長を実現するためには欠くことのできない労力である。

第 2 章

M&A戦略策定の実務

Summary

　M&A戦略策定のステップは，①既存戦略の確認，②事業環境分析，③戦略オプション検討および精緻化，④ターゲット・スクリーニングの４つに分けられる。

―きちんとステップを踏んで骨太なM&A戦略の策定を進める

　基本に忠実に，ステップを踏んで進めていくことが重要である。③戦略オプション検討および精緻化では，事業環境の理解が欠けていると適切な検討ができない。②事業環境分析を進める際にも既存戦略の理解が不足していると手当たり次第に膨大な量の分析をすることにつながる。また，③や④からスタートする場合には，M&Aそれ自体が目的化するリスクにつながる。

　何となく理解できそうだがロジックがつながらない，見た目はきれいだが内容に具体性がない，というイマイチな戦略になることは避ける。具体的なストーリーがあり，ロジックがしっかりした骨太な戦略が必要である。「何となくできそうだと思った」というようなぼんやりした戦略になっていることが，失敗事例には多い。失敗を防ぐためにも戦略の解像度を上げることが求められる。

―静態的なM&A戦略では通用しない

　現在の状況が継続するというような静態的な考えが織り込まれている戦略は失敗に至る可能性を引き上げてしまう。事業環境は常に変化し続ける，かつ自社がM&Aを行うと競合相手も対抗策を講じる可能性もあり，虎の尾を踏んでしまったといった結果になることもありうる。そうすると自社の行動をトリガーとして事業環境が変化することもある。

―M&A戦略は買収時だけではなく，売却時にも必要となる

　基本的には売却時も，対象とする企業や事業について売却する意義や，その他のとりうるオプションも含めて，売却が自社の戦略に資するものなのかを検討すべきであるが，立場の違いによって留意すべきポイントは変わってくる。

1 ┃ M&A戦略策定の流れ（４ステップ）

⑴　ステップ全体の説明

　M&A戦略の策定は，買収側（バイサイド側）の立場においては，①既存戦略の確認，②事業環境分析，③戦略オプション検討および精緻化，④ターゲット・スクリーニングの４つのステップに分けられる（**図表2-1**）。②の事業環境分析は，外部環境分析と内部環境分析の２つに分けられるが，作業としては同時並行で行うため同一ステップに含めている。以下，各ステップごとに解説を行う。

図表2-1　**M&A戦略策定ステップの概観**

ステップ1 既存戦略の確認	ステップ2 事業環境分析	ステップ3 戦略オプション検討 および精緻化	ステップ4 ターゲット・ スクリーニング

（出所：デロイト トーマツ ファイナンシャルアドバイザリー合同会社作成）

⑵　ステップ１：既存戦略の確認

　なぜ既存戦略を確認する必要があるのか。これは，M&A戦略が独立した戦略ではなく，経営戦略や事業戦略を達成するための１つの戦略という位置づけになるためである。

　先端技術の分野での事業拡大を経営戦略としている一方で，既存分野でのM&Aを行っているなど，経営戦略と実際のM&Aにおける行動がチグハグになっているようなケースがある。なお，一見してチグハグに見えたとしても，戦略的一貫性があればよい。たとえば，既存分野での実績がないと先端技術が求められる分野に参入できないようなケースであれば，既存分野の買収を行う意義はあると整理できる。

　上記は，一例ではあるが，実際のビジネスを想定すると様々なパターンがありうる。ポイントとしては，M&A戦略を考える際には，全社戦略（経営戦略，事業戦略）との整合性を保つ必要があることを押さえておきたい。当たり前のことを申し上げており，M&A戦略を策定する際にこの点をお伝えすると，「なんで，そんな当たり前のことを言っているのだろう」という反応があるが，整

合性を保てていないケースが数多く存在している。かつ，そのようなM&Aが失敗に至っていることから，当たり前のことではあるが，あえて強調させていただきたい。

　さらに，全社戦略の上位概念として企業理念が存在している。企業として何を目指しているのかということを示すものである。成功しているM&A事例を見てみると，この企業理念に沿っているものが大半である。原点に立ち返り，企業として目指すべき方向性を確認することが，戦略を考えるための第1歩である。

　「そんなこと言われなくてもわかっている」と感じられたかもしれない。一方で，今このパートを読まれている方の中に，自社の経営戦略，事業戦略について明確に理解できている方はどの程度いるだろうか。また，その認識はM&Aに関わるメンバーの中で共有できているだろうか。経営陣を除くと，意外と自社の戦略について理解していないという方が多いのが実情である。

　なお，既存戦略が大枠しかないというケースも多くあるが，そのような場合にはステップ3において詳細化を行っていくことになるため，ステップ1では方向性のみを確認するとどまる。したがって，必ずしもステップ1で既存戦略が詳細に固まっていなくてもよい。大枠しかないものを確認して意味があるのかと疑問に思われるかもしれないが，これが大きな意味を持つ。実際に，戦略の議論をしていると，全く噛み合わないということが起こる。たとえば，サプライチェーンの上流に進出するという議論の中で，このサプライチェーンが自社の製品のみのサプライチェーンを指すのか，自社製品以外も含めたサプライチェーンを指すのか，議論の前提が共有されていないと，話は一向に進まない。目指す方向性が共有されているのなら，議論の対象をある程度絞り込むことができるため，議論が噛み合わないという状況を避けることができる。

(3)　ステップ2：事業環境分析

　事業環境分析は外部環境分析，内部環境分析に大別される。
　外部環境分析は以下のような構成となっている。

①　市場環境分析

②　競合環境分析

③　顧客動向分析

① 市場環境分析（検討対象市場の魅力度を掴む）

　市場環境分析では，対象市場の規模，成長性，成長要因，リスクについて分析を行う。分析の対象が広範になるが，漏れがないかを確認するために分析後にPEST分析を用いて情報の「整理」を行うのが有用である。PEST分析とは，政治的要因（Politics），経済的要因（Economics），社会的要因（Social），技術的要因（Technology）を対象にして行う分析である（**図表2-2**）。

　なお，PEST分析のフレームワークは，市場環境分析が進んだ後に，分析結果を整理するために用いるようにすべきである。最初からフレームワークに依存して分析を進めると，必要な項目を見落としてしまったり，単にフレームに当てはめるように情報を取ってきてしまったりする可能性があるため，留意が必要である。単に市場を分析するのではなく，サプライチェーンの利益構造，付加価値の所在（力関係），技術動向，規制動向なども整理する必要がある。

　対象市場だけに焦点を当てると，市場環境を見誤ることにつながる。上流，下流のプレイヤーの動向によっても市場環境は変化するからである。また，自社が参入することによって，市場の構造が変わるかどうか，変えられるかどうかも検討する。

　また，市場によっては，単一国内だけでなく，グローバル動向の影響を大きく受ける業界がある。分析の対象となる市場のサプライチェーンを俯瞰して，どこの国の影響を受けうるのか，どのような要因の影響を受けるのかについて

図表2-2　PEST分析

項目	例示
政治的要因（Politics）	法規制全般，税制優遇，外資規制，政治情勢の動向，等
経済的要因（Economics）	GDP，金利，為替，物価，給与水準，消費動向，失業率，産業構造，等
社会的要因（Social）	ライフスタイル，宗教や商慣習，価値観，トレンド，等
技術的要因（Technology）	技術革新，代替製品，特許，知的財産，等

（出所：中山博喜『買収後につながる戦略的デューデリジェンスの実践　外部環境分析の考え方・技術』（中央経済社，2020年））

も，きちんと整理を行いながら分析を行う必要がある。

　このように，対象市場の現状，上流と下流の動向，その中で対象市場がどのように変化しようとしているのかを踏まえて分析を行いつつ，M&Aを行う対象市場として魅力があるかどうかを検討するのが市場環境分析である。

市場環境分析のステップ

　市場環境分析における具体的な分析項目としては，メガトレンド，市場規模，市場成長率，成長要因・リスク，市場成長性，業界トレンド，参入障壁等が一般的である（**図表2-3**）。

図表2-3　**市場環境分析のステップ**

分析項目例	概要・目的
メガトレンド	マクロ要因が対象市場に与える影響を分析し，参入領域を特定するための検討材料とする。近年は環境に関する分析も重視されつつある。
市場規模	過去の市場規模推移や今後の見通し，セグメント別の動向を分析する。製品別・地域別等の適切なセグメントごとに分析し，有望な参入領域を特定するための検討材料に用いる。
市場成長性	対象市場の将来（3年後，5年後，10年後）における成長率およびその背景をセグメントごとに分析し，有望な参入領域を特定するための検討材料に用いる。
成長要因・リスク	対象市場の将来動向を与えうる要因やリスク等を特定し，どの程度影響を与えるかを分析する。市場魅力度を測る際の検討材料として用いる。
市場収益性	対象市場における製品別や地域別等のセグメントごとの収益性を分析し，有望な参入領域を特定するための材料に用いる。
業界トレンド	対象市場において直近および将来注目されているトレンドを特定し，及ぼしうる影響を分析することで，参入検討領域を比較検討する材料に用いる。
参入障壁	自社が対象市場に参入する際の障壁は何があるか，またその障壁は高いのか低いのかを分析し，参入方法を検討する際の材料に用いる。また，将来的に参入障壁が変化しうるのか，その影響が市場にどのような影響を与えるのかについても検討する。

（出所：デロイト トーマツ ファイナンシャルアドバイザリー合同会社作成）

　どの分析項目を，より深く分析するかは，M&A戦略を策定するうえで必要となる部分がケースバイケースであるため，状況に応じながらカスタマイズしていくことが求められる。

　なお，分析を行うことが目的になってはならない。市場環境分析はもちろんのこと，他の分析も同様であるが，あくまでM&A戦略を策定するための分析であること，つまりM&Aによって実現したい内容が実施可能なのかを検証するための分析であることを忘れてはならない。

②　競合環境分析（自社の競争優位性を築けるかどうかを検証）

　各社の動向を把握して自社の戦略が成し遂げられるかどうか，自社が競争優位性を築けるかどうか，という視点で分析を行う。競合環境分析は，参入を検討している，もしくは参入済みの市場の既存プレイヤーおよび新規参入の動向を調査しながら，その競争環境について分析を行っていくものである。分析の目的としては，自社が将来的に参入した際に競合各社と比較して競争優位性を築けるのかを検討することである。

競合環境分析のステップ

　まず，参入検討を行っている事業分野のプレイヤーに，どのような企業がいるのかを特定することから始める。調査手段としては，デスクトップ調査や業界知見を有する識者へのヒアリング等によって情報収集を行う。

　競合環境分析を進めていくうえでは，現時点の競争環境だけではなく，将来的にどのようになるのかも含めて検討を行う必要がある。たとえば，バリューチェーンの上流や下流からの参入がないか，参入してくる可能性があるかどうか，新規参入の可能性も含めたうえで，どのような競争環境になっているのかを分析する必要がある。

　戦略を考える際に競合環境がどのように変化しているのか，変化すると見込まれるのかも押さえておくことが求められる。IT化が進んだり，技術革新が起こったりすると，参入障壁が崩れる，業界の境目が広くなるといった状態に陥ることもありうる。たとえば，オンライン英会話の例だと，これまで英会話スクールに通って対面でしか学習できなかったものが，オンラインシステムを

使って指導を受けることが可能になり，英会話講師が近くにいる必要もなければ，校舎を有している必要もなくなり，業者の参入が相次いでいる。

代替品の脅威についても考える必要がある。たとえば，上記の英語学習の事例で考えると，YouTubeの無料動画で勉強ができるようになると，書籍を購入する必要がなくなってくる。また，添削サービスについても，一定のレベルであればChatGPTで代替可能である。

図表2-4　競合環境分析のステップ

分析項目例	概要・目的
競合企業の特定	参入を検討している市場における競合となりうる企業について特定する
マーケットシェア	各企業の市場における現状および将来のシェア動向の分析を通じて自社に参入余地があるか検討する
ポジショニング・マッピング	各企業の現状のポジション（立ち位置）を確認し，自社が差別化できうるかを検討する
ベンチマーク分析	各企業の財務数値等をもとに各社の強み・弱みを分析し，自社が参入しうるのか検討する
代替可能性	製品や技術が今後代替されうるリスクを特定し，自社および業界各社が将来被る影響を分析したうえで，どの程度の機会や脅威になるのか検討する
新規参入動向	異業種からの参入企業やベンチャーなどの新規参入動向および各社の戦略を分析し，参入すべきか否かの検討材料とする
成功要因および充足度	勝ち組企業の分析を通じて業界の成功要因を特定し，業界各社の充足度を分析したうえで，自社が発揮できうる競争優位性について検討する

（出所：デロイト トーマツ ファイナンシャルアドバイザリー合同会社作成）

業界の成功要因の特定

業界内の企業調査を通じて成功要因を特定する。各社がどのような戦略をもって，どのように競争優位性を構築しながら成功要因を満たしているのかも分析する。その目的は，他社の成功要因を真似るということにあるのではない。他社動向を理解したうえで，新たな成功要因の軸を作り出す，もしくは他社とは違った角度で成功要因を満たすにはどうすればよいかという戦略を考え出す

ために分析するのである。

　M&Aを通じて買収対象企業のケーパビリティに加えて，自社のリソースも組み合わせることができるようになるため，やり方によっては既存の企業に対して比較優位を確保することができる。また，既述のとおり，M&A戦略を考える際には自社の参入によって既存の企業が触発されて攻勢をかけてくることも考慮しなければならない。過去のM&Aでも，虎の尾を踏み，他社から値下げ競争を仕掛けられて撤退を余儀なくされた事例もある。

③　顧客動向分析（ターゲットとする顧客層の実態把握）

　顧客動向分析では，分析対象市場の顧客群のトレンド，購買プロセス，購買決定要因，ニーズ（アンメットニーズを含む）の分析を行う。

顧客動向分析のステップ

　顧客について分析を進めていく目的は，対象市場に参入した後にきちんと顧客を獲得し続けられるのかどうかを検討するというものである。そのために，顧客を特定し，顧客セグメントごとの規模や成長性，それぞれのセグメントでの購買決定要因の分析をしていくことが必要となる。

　なお，顧客分析を行う際には，実際の消費者と購買の意思決定者が違うケースがある点に留意が必要となる。わかりやすい例を挙げると，ペットフードを実際に消費するのは動物（ペット）であるが，買うのは人間（飼い主）である。購買の意思決定者をベースに分析をしていく必要がある一方で，意思決定者に対して消費者がどの程度の影響力を持っているのかも分析の対象になってくる。たとえば，飼っている犬や猫が食べるのを嫌がり，飼い主が次から違うペットフードを買うことになる場合には，消費者である犬や猫は購買の意思決定に影響を与えているということになる。

　このほかにも学習塾の例がわかりやすい。サービスを消費するのは子どもであるが，購買の意思決定者は親である。これは，B2Cビジネスに限ったことではない。B2Bビジネスにおいても，サプライチェーン上で強い力を持つプレイヤーがいる場合には，実際の消費者と購買の意思決定者が違うという状況がある。たとえば，サプライチェーンの下流で力を持っている企業が，上流のサプ

ライヤーが使用する材料の決定に対して何らかの関与をするというものである。

　M&A戦略を検討する際には，顧客動向分析をどのように活用するのかを考慮したうえで進める必要がある。たとえば，M&A戦略において地域拡大を重要な目標として置くのであれば，対象としている地域における顧客の購買プロセス，購買決定要因，ニーズ等がどのようになっているのかについてしっかり調査したうえで，自社がM&Aを実施して進出することで強みが発揮できそうな市場なのかどうかを確認する必要がある。分析すべき項目はケースバイケースであるが，一般的に分析する項目については**図表2-5**にまとめている。

図表2-5　顧客動向分析のステップ

分析項目例	概　　要
顧客セグメント	顧客群がどのようなセグメントに分類できるか検討する
セグメント別の市場予測	顧客セグメントごとの市場規模の特定および将来予測を実施し，市場に影響を与えうる要因の特定および今後の動向を分析し，有望な顧客セグメントを検討する
購買プロセス（カスタマージャーニー）	顧客セグメントごとにどのようなチャネルを用いて購買しているかを分析し，参入後に自社製品・サービスをどのように販売するか検討する
アンメット・ニーズ	顧客側のアンメット・ニーズを分析し，自社が参入することで潜在的なアンメット・ニーズを満たすことができるかどうかを検討する
スイッチング・コスト	顧客におけるスイッチング・コストを心理的，物理的，金銭的観点から分析し，自社の参入でスイッチングを生じさせることができるか（顧客を獲得できるか）検討する
購買決定要因および充足度	顧客からみた製品・サービスの購買決定要因を顧客セグメント別や製品別等で特定し，業界各社の充足度を分析したうえで，自社が発揮できうる競争優位性について検討する

（出所：デロイト トーマツ ファイナンシャルアドバイザリー合同会社作成）

(4)　ステップ3：戦略オプション検討および精緻化

　ステップ3では，ステップ1（既存戦略の確認），ステップ2（事業環境分析）の内容を踏まえつつ，最適な戦略オプションを検討していくが，ゴールに至るまでにとりうる経路は1つとは限らない。1社を買収してゴールとするパ

ターン，複数の企業を買収するパターン，自社で事業を育てるオーガニック・
グロースとM&Aで買収した事業を組み合わせるパターンなど，多種多様であ
る。ゴールまでに多くの選択肢が生じる理由は，買収対象企業が理想的なケー
パビリティをすべて保有しているとは限らないことや，各選択肢でメリット・
デメリットが存在しているからである。

　なお，戦略オプションを精緻化していく際には，少しバッファを持たせてお
くのが望ましい。その理由として，戦略オプションを練って買収対象企業に持
ち込んだとしても，その戦略オプションを受け入れてもらえるとは限らないた
めである。相手側の出方を踏まえて，変更しうる余地を残しておくという柔軟
性が必要である。

　M&A戦略は，ステップ１やステップ２を踏まえて，地道に策定するのが定
石であり，様々な条件を考慮して最適な解（戦略）をみつけていくものである。
そのため，冒頭でも述べたとおり，良いM&A戦略を策定するための魔法のよ
うな方法はないのである。

①　中長期的なビジョンを描く

　現時点では，実現が難しい戦略であっても，中長期的に段階を踏むことで選
択肢に入ってくるものもある。一気にゴール地点に向かおうとするのではなく，
現時点で自社のケーパビリティを踏まえて，１つずつステップアップしていく
ような形である。たとえば，A製品で世界市場No.1を目指すという目標があっ
たとして，一気に世界市場のシェアを拡大するのではなく，部分的に国ごとに
拡大をしていく，ロールアップ戦略のような進め方である。様々な業界におい
て，ロールアップ型のM&Aで事業を拡大している企業が存在するが，このよ
うな戦略は，上位寡占型の市場ではなく，それなりのプレゼンスを持った中堅
企業が存在するような市場の場合に有効である。

②　M&Aの類型＝戦略ではない

　よくある間違ったM&A戦略の策定方法としては，M&Aの類型を選ぶこと
を戦略とすることである。たとえば，「弊社の戦略は水平統合型でシェア拡大
を狙う」というようなものが典型的な例である。M&Aの類型は結果的にはど

れかに該当するが，類型を選んで戦略を考えているわけではない。検討にモレがないかを確認するために用いる，もしくは戦略検討に行き詰まって類型を参考に考えてみるというのがM&Aの類型の活用方法である。「戦略を考える≠類型を決める」という点は認識をしておく必要がある。

　ここでは，簡単にM&Aの類型について説明するが，❶水平統合型，❷機能補完型，❸地域拡大型，❹機能拡大型（垂直統合型も含む），❺事業領域拡大型に分類することができる（**図表2-6**）。

図表2-6　M&Aの類型

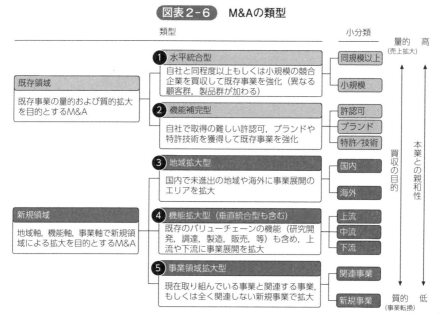

（出所：中山博喜『買収後につながる戦略的デューデリジェンスの実践　外部環境分析の考え方・技術』（中央経済社，2020年））

❶水平統合型

　水平統合型M&Aは，自社と同事業を行っている競合企業の買収を行い，スケールメリットを追求するものである。マーケットシェア・業務効率性の向上，規模の経済の獲得によるコスト競争力の向上，競合削減による価格支配力の強化等が主な効果として挙げられる。

❷機能補完型

　機能補完型M&Aも水平統合型同様，自社と同じ事業領域での買収ではあるものの，自社単独では取得することが難しい許認可，ブランドや特許技術など特定の機能を補完することにより，既存事業を強化するというものである。オーガニック成長による場合では獲得に多くの時間を要する機能を，M&Aによって補完し，事業拡大のスピードを早める，自社の事業基盤を強化するという形である。

　機能補完型が望ましい業態の一例として，技術革新のスピードが速い業界が挙げられる。たとえば，素材業界では顧客側のイノベーションに呼応する形で先端技術を用いた製品を求められるケースが多々ある。その際に自社で新たな手法を研究・開発するよりも，すでに特許を保有しており生産技術を有する企業を買収するほうが，顧客のニーズに応じた製品を迅速に提供でき，顧客との関係性を良好に保つことができるため，機能補完型M&Aを検討することは合理的な選択といえよう。

❸地域拡大型

　地域拡大型M&Aは，自社が未進出の地域や海外に事業を拡大するために，当該地域で事業を行っている企業を買収するというものである。

　近年，国内市場の成長が頭打ちとなってしまったことを背景に海外展開する事例が多々みられる。たとえば，ビール業界は国内市場の縮小が続いていることから，各社成長性の高い欧州・北米・豪州等のメーカーを買収し，事業強化に取り組んでいる。たばこ業界でも日本を含む先進国の大手企業は，自国における需要減に対応するために，需要の増加が見込まれる国の企業を買収し，海外事業を強化している。

　海外企業を買収するクロスボーダー案件では，M&A戦略策定時に考慮するポイントが国内案件とは異なる。クロスボーダーといっても，国によって違いもあるため，ケースバイケースで考慮する必要がある。土地勘のない国やビジネスになってくると，調査に余分に時間がかかるが，買収後に買収対象企業をどのように運営していくのか，シナジーをどのように実現するのかなどを検討するのも一苦労である。検討だけではなく，文化や商習慣の違いにより，様々

な取組みでも国内案件と比較して時間を要する。そのように国内案件と比べて時間がかかるということも踏まえて，将来的なビジョンを目指すタイムラインを考えるのが重要である。

　海外への事業展開については，「国内で成功している事業をそのまま市場魅力度の高い国で展開していく」といった単純なストーリーでは不十分である。これは，法規制や商習慣などが日本とは異なる場合もあり，事業をそのまま展開することができない可能性もあるからである。より検討の視野を広げる必要があろう。

　また経営方針や社風，従業員の特徴といった買収先の内部環境も，一般的な日本企業とは大きく異なる場合が多い。海外企業をなぜ買収するのか，買収によって何を達成したいのかを明確にし，自社および買収先のケーパビリティ・内部環境を精査したうえで，買収後どのように統合することが望ましいか定める必要がある。

　国によっては，市場が未成熟であるがゆえに，先進国市場と比べて複雑かつ非合理的な状況が生じるケースも多い。頭の中で描いた合理的な戦略に基づき現地企業を買収したとしても，想定していた効果が得られないこともありうる。

❹機能拡大型（垂直統合型も含む）

　機能拡大型は，自社のバリューチェーンの機能を拡大するM&Aを指す。また，業界全体のサプライチェーンの中で，上流や下流に位置する企業を買収する垂直統合型も，広義の機能拡大型に含まれる。垂直統合型は，機能の幅を他社と比べて拡大できることや下流への進出の場合には事業の自由度が高まるため，他社との差別化につながることも期待される。

❺事業領域拡大型

　事業領域拡大型は，新たな事業領域に進出するM&Aを指している。アンゾフの成長マトリクス（**第4章を参照**）で多角化（新規の市場×新規の製品）に該当するようなM&Aも事業領域拡大型といえる。新たな事業とはいえ，全く関連性のない事業もあれば，自社の既存事業に間接的に関連するものもある。新規事業であって自社の既存事業に関連するものには，たとえば，スポーツ

チームへの出資などがある。一見すると既存事業に関連しないものの，知名度やブランド力向上という形で，既存事業に対してポジティブな影響をもたらすものである。

図表2-7　M&A類型のイメージ図

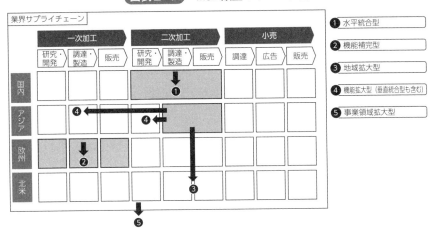

(出所：デロイト トーマツ ファイナンシャルアドバイザリー合同会社作成)

　ここまで，5つのM&Aの類型について説明した。複数の類型に該当することもあるが，地域拡大型×事業領域拡大型のような組み合わせの場合，自社の既存領域からあまりにもかけ離れてしまうため，一般的に難易度は高くなる。

　M&Aの類型は，自社の戦略を明確にすれば自ずと決まるものであり，「類型を選ぶこと」が「戦略を策定すること」であると履き違えないように留意しなければいけない。

(5)　ステップ4：ターゲット・スクリーニング

①　スクリーニング基準の決定

　買収対象となる企業をどう絞り込むかも重要な論点であり，そのためのスクリーニング基準が必要となる。スクリーニング基準を大まかに分類すると，定量基準と定性基準に分けられる（**図表2-8**）。定量基準は，売上高，営業利益，EBITDA，当期純利益，営業利益率，従業員数，時価総額等が例として挙げ

られる。一方，定性基準には，事業領域，展開拠点，保有ブランド，保有特許，保有設備，主要顧客，ビジネスモデル等がある。

　定性基準については，情報を取得するために，かなりの作業工数を要してしまうものが含まれているため，定量基準である程度絞り込まれた段階で用いるのがよい。

図表2-8　スクリーニング基準（例）

スクリーニング基準（例）	
定量基準	・売上高
	・営業利益
	・EBITDA
	・当期純利益
	・営業利益率
	・従業員数
	・時価総額　　　　　　等
定性基準	・事業領域
	・展開拠点
	・保有ブランド
	・保有特許
	・保有設備
	・主要顧客
	・ビジネスモデル　　　等

(出所：デロイト トーマツ ファイナンシャルアドバイザリー合同会社作成)

②　ロングリスト作成

　ターゲット・スクリーニングを行う際には，データベースからのデータ抽出条件を定めて，買収候補群をリストアップする。その後，売上規模，利益水準，事業展開国等のスクリーニング基準に基づいてロングリストを作成する。このロングリストを何社にするのかは悩ましいところであるが，経験上では100〜200社程度に設定することが多い。300社，400社，500社になると，作業量的に確認するのは困難である。

　ロングリストの確認ポイントは，代表的な企業が入っているかどうかである。

イメージする企業が入っていないということであれば，最初の抽出条件もしくはスクリーニング条件の修正が必要になってくる。

③　ターゲット・スクリーニングを行う際のデータ取得

　情報はデータベースから取得するのがよい。ロングリストの段階で有価証券報告書や決算短信から情報を取得できなくはないが，現実的ではない。非上場企業については，データベースに登載されていない場合もあるため，決算公告等を用いながら地道に情報を集める必要もありうる。必要に応じて外部の調査機関を利用することもある。

　海外企業の調査の場合には，国によって状況が異なることに留意すべきである。非上場企業であっても，監査済の財務書類の提出が求められており，情報が取得しやすいケースもある。そのため，国によって情報取得の難易度が異なるということも踏まえて作業を進める。

④　ショートリスト作成

　ショートリストは20～30社に設定することが多い。ロングリストからショートリストに絞り込む際には，定量的な情報だけでなく，詳細な事業内容など定性的な情報も用いる。当初の買収候補群からロングリストを作成する段階で，定性的な情報を用いてもよいが，企業のウェブサイト等を確認するのは現実的ではない。そのため，データを取得する手間やコストを考慮して，どのスクリーニング基準をロングリストの抽出条件に含めるのか，ショートリストの抽出条件に含めるのかを決めていく必要がある。

　また，ショートリストは定期的にアップデートしておくのが望ましい。財務情報はもちろんのこと，事業内容や売却意向など変化しうるものについては，情報を最新のものにしておく。すべての企業について情報をアップデートし続けるのは困難であるため，ショートリストだけに限定するのが肝要である。

　ショートリストに挙がっている企業やその主要株主とは，定期的にコミュニケーションをとっておくことも重要である。なぜなら，そうした企業が売却を検討した際に優先的に声をかけてもらえる可能性があるからである。売り手側からすると，買収意欲があることをすでに知っていることや一定の関係もある

ことから，売却の話を持ちかけやすいというのは想像できるであろう。

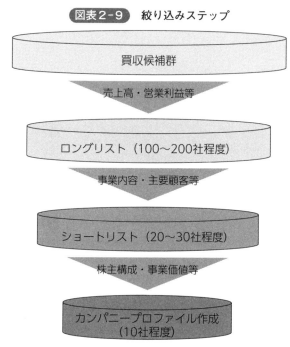

図表2-9　絞り込みステップ

買収候補群

売上高・営業利益等

ロングリスト（100〜200社程度）

事業内容・主要顧客等

ショートリスト（20〜30社程度）

株主構成・事業価値等

カンパニープロファイル作成
（10社程度）

（出所：デロイト トーマツ ファイナンシャルアドバイザリー合同会社作成）

⑤　ショートリストの企業とのシナジー案の検討

　買収後にどのようなシナジーが考えられるのかについて仮説を立てる必要がある。たとえば，代表的なシナジー案にクロスセリングがある。クロスセリングとは，買収側の製品を買収対象企業が同社の製品に加えて販売することをいう。逆に，買収対象企業の製品を買収側が販売するケースもある。

　このようなシナジー案を考えながら，M&Aの実施意義を検討していく必要があるが，シナジー案に過度な期待をすることで，そのシナジー効果を買収価格に織り込もうとするのは，よほど実現可能性が高いものを除き，控えたほうがよい。シナジーの実現には困難を伴うことが多い。たとえば，上記のクロスセリングであっても，簡単なようにみえて，実際のオペレーションを考えると，

商品知識を学ぶためのトレーニングが必要であったり，営業担当者にモチベーションを与える必要があったり，そのための評価の仕組みを考えたり，と一筋縄ではいかない。

　また，買収対象企業にも何かしらのメリットがあることを説明していく必要がある。メリットがないとM&Aの交渉が進みにくくなり，買収後の協力も得られにくくなる。そのため，シナジー案の検討に際しては，双方にとってのメリット・デメリットを詳細に洗い出したうえで，そのシナジーが本当に実現可能なのかという点を念入りに検討することが求められる。

2 ▌売却側（セルサイド側）におけるM&A戦略

　ここまで，買収側（バイサイド側）視点のM&A戦略に関して解説を行ってきたが，ここであまり語られることの多くない売却側（セルサイド側）の視点についても触れておきたい。

(1)　経営戦略実現のためのオプションとしての売却

　日本においては，売却は，事業の失敗だとか身売りだといったネガティブな印象を抱かれることが多いが，経営方針の転換や事業環境の変化が起これば，事業ポートフォリオの見直しは必然であり，その中で売却もとりうる戦略オプションになるべきであって，ネガティブに捉える必要はない。M&A戦略は，ポートフォリオ戦略のように捉えるのが望ましい。

　各ステークホルダーも，売却に対してネガティブな意見を出す傾向があるが，健全な事業戦略，M&A戦略の実現にとって悪影響である。売却される企業や事業にとって，ポジティブな効果があるケースも多数存在しており，買い手・売り手・売却対象企業の「三方よし」という状態を創出するような売却案件は高く評価されるべきである。

(2)　骨太な売却意義の設定

　売却に向けたデューデリジェンスや売却プロセスの設計など，売却側にも準備すべきことが数多くあるが，M&A戦略という観点では，売却意義の設定が

最も重要なポイントとなる。

　買収時にも，「なぜ，買収するのか」，「買収の戦略的な意義は何か」，「オーガニックでの成長は目指せないのか」，「高値掴みではないか」というような意見が社内外含めて様々なステークホルダーから出てくるが，売却時にも同様に「なぜ，売却するのか」，「売却の戦略的な意義は何か」等々の質問が出てくる。そのため，骨太な売却意義をきちんと設定することが求められる。

　買収時と売却時で違うポイントはいくつかあるが，売却時によりしっかりと考えておく必要があるのは，従業員の待遇がどのようになるのかという点である。売却後に不利な待遇にならないような相手先を見つけるように配慮することが望ましい。

　売り手の中では，ノンコア事業に分類されていて，なかなかパフォーマンスが発揮できないような事業であっても，他企業（買い手）の傘下に入ればシナジーを発揮して業績が改善するとともに，従業員の待遇改善につなげられるようなケースもありうる。そのため，なぜノンコア事業となっているのか，売却後には，どのようなポジティブな影響が考えられるのかも考える必要がある。

(3)　売却候補先の検討

　売却戦略を立案する中では，どのような売却候補先が考えられるのか，どのようなシナジーが想定されるのか，それが高値での売却につながるのか，といったことを検討することとなる。売却候補先の事業内容，保有技術，展開地域，顧客基盤等を踏まえて，適切な売却先を選定する必要がある。同業他社だけではなく，バリューチェーンの上流や下流，場合によっては取引先，ファンド等も含めて検討を行う。また，売却先によってアピールすべきポイントが異なってくるため，売却候補先にある程度目星がつき始めた段階で，「この相手であれば，このようなシナジーが考えられる」と具体的に考えていくことが肝要である。

(4)　売却に向けたマイルストーンの設定

　買収時には，入札方式のように売却相手が設定しているタイムラインに沿って検討を進めていかなければならない場面が多いが，売却の検討段階であれば，

まだ相手先もいないことから，ズルズルと検討が先延ばしになりがちである。事業によっては早めに売却したほうがよい場合もあり，機を逃さないためにも売却におけるマイルストーンを設定したうえで検討を進めていくことが求められる。

 着想コラム②　ChatGPT活用への考察

本書執筆時点でChatGPTという言葉を聞かない日はない。様々な議論がなされている最中ではあるが，ChatGPTのM&A業務への活用について考察を行ってみたい。

最初に結論を述べておくと，一定程度の業務はChatGPTが担い，特定の高い質が求められる業務については，引き続き人間が担うべきである（質については後述）。以下，結論に至った背景を，私見ではあるが解説したい。

ChatGPTがどこまでできるのかを知るために，筆者も色々と試行錯誤してみたが，回答文の質の高さに感心したものである。一方で，一般的に言われていることではあるが，集めてくる情報の質が悪く，記述する事実（ファクト）に間違いが非常に多い。口達者な担当者が市場調査を行って，データを間違えまくっているという印象である。ただ，文章の質が高いため，正しそうに見えてしまうというのも気づいたポイントである。

ちなみに，実験的にChatGPTを使ってM&A戦略を作ってみたところ，プロンプトの出し方によっては，存外面白い内容にまで練り上げることができた。ただ，一度の指示ではうまくはいかない。ChatGPTに何度か投げかけて仕上げていく必要があり，回答内容を考察しながら，次に出すプロンプトを工夫していく必要があった。

そのため，M&A戦略そのものの知識がないと，ChatGPTに適切なプロンプトを投げかけることは難しく，結果としてアウトプットされる戦略も変なものになりそうだと感じた。なお，最終的に出来上がった戦略自体は面白い内容ではあったが，ロジックの質が悪い（なぜその結論に至ったのか考えが腑に落ちない）もので，ChatGPTに何度説明を求めてもズレた回答しか返ってこなかった。ChatGPTは，あくまでプロンプトに基づいて処理をしているにすぎず，質を向

上させるためには，適切なプロンプトを考える必要がある。そもそも間違った事実に基づいて考察しているので，結論も的を射ないものとなっている可能性もある。

　コンサルタントとしてはロジックが甘いものを活用するということは許されないが，初期の検討段階で，たたき台として活用することは許容できるかもしれない（もちろん，あくまでたたき台で，多方面からの検証やアプローチによって「たたく」ことが必要である）。

　一方，調査業務を含むビジネス・デューデリジェンスをChatGPTが担う時代はやってこないだろう。理由はネット上に出ている情報がすべてではないためである。筆者も長年ビジネス・デューデリジェンス業務に従事しているが，活用する情報のうちネット情報が占める割合は半分未満であり，業界有識者やマネジメントへのインタビュー（もちろんネットには開示されない）や内部資料等が情報源となっている。

　AI技術が進歩しても，インタビュー情報や買収対象企業の機密情報をChatGPTが取得することはできないだろう。そのため，ロジックの「質」，情報の「質」が求められる，M&A戦略策定やビジネス・デューデリジェンスのような業務についてChatGPTが担うような世界はやってこないのではないかと考える。とはいえ，現段階でもChatGPTは非常に優れており，情報をまとめさせたり，フレームワークに当てはめて分析させるなど，活用できる分野は多いだろう。5年先や10年先に技術が発展して，どのような世界になっているのかは楽しみなところである。

PART Ⅱ

失敗パターン別
M&A戦略策定の要諦

　なぜ，M&Aが失敗に至るのか。「戦略の中身がイマイチ」という問題以外にも，戦略が良くてもそれを機能させられないという根深い問題が潜んでいる。PART Ⅱでは，企業の担当者の方々からすると「あるある」と感じられるような，実務上よく起こりうる9つの失敗パターンを掲げて，それらの問題の根源を考察し，打開策を検討したい。

図表Ⅱ-1　M&Aが失敗に陥る典型的なパターン

No.	条件
①	戦略なき前進
②	戦略フレームワークの落とし穴にはまる
③	シナジーが絵に描いた餅になる
④	無謀にレッドオーシャンでの戦いに参入
⑤	リスク回避が逆にリスクとなる
⑥	ESG（環境・社会・ガバナンス）の配慮が不足
⑦	驕りから強引な戦略を策定
⑧	撤退戦略を見誤る
⑨	戦略を支えるM&A実施体制を軽視

(出所：デロイト トーマツ ファイナンシャルアドバイザリー合同会社作成)

―仕組みも踏まえて「機能する戦略」を作ることが失敗を防ぐための最優先事
　項
　経営方針に適う「良いM&A戦略を策定すること」と同時に，「その戦略が現実的に実行できること」もM&Aを成功に導くために重要だと考えている。いかに良い戦略を作ったとしても，失敗に至る根本的な原因が解決されていないと戦略が機能せず，実行できないということもありうる。良いM&A戦略を作れば失敗を防げるのではないかと思われるかもしれないが，戦略が機能不全を起こす根深い問題がある。そのため，良い戦略を策定して，失敗に至る原因を1つずつ取り除きながら，確実にその戦略を実行し，M&Aを推進するというのが定石となる。

―戦略とは何か，戦略の良し悪しを理解することも必要

　戦略についてのきちんとした理解が必要である。つまり，何が良いM&A戦略なのか，何が悪いM&A戦略なのかを理解することである。自社のM&A戦略を策定する際に，そもそも戦略として成り立っているのか，戦略の前提を理解しておくことが必要となる。

●失敗事例から考察する意義

　PART Ⅱでは，M&Aがなぜ失敗に至るのかについて，9つの典型的なパターンに分けて考察し，それらの失敗パターンをどう改善すれば成功に近づけていけるのかを検討する。成功事例は美談化されて成功に至った真の理由がみえにくい。また，美談に紛れて反省点が浮き彫りになりづらいという側面もある。

　その点，失敗事例は，反省材料の宝庫である。また，失敗事例の中には，戦略自体はしっかり策定したのにうまく機能しなかったケースがあり，良い戦略がどのようなものなのかだけではなく，戦略が機能しなくなる原因を考察することもできる。「なぜ失敗するのか」を理解することは，成功への第一歩となるだろう。

●失敗に陥る9つの典型的パターン

　M&A戦略に起因する失敗事例を挙げればキリがない。様々な案件に関わってきたM&Aのアドバイザーとしての経験，実際に失敗した事例の共通項，および最前線で関わっていた方々へのインタビューを踏まえると，M&A戦略に起因する失敗のパターンは，9つに集約することができる。

❶　戦略なき前進

　M&Aに携わったことがある方なら，「M&Aそれ自体は目的ではない」という言葉を聞いたことがあるだろう。本来であれば，経営上の長期ビジョンを成し遂げるための1つの「手段」としてM&Aが存在するが，M&Aの検討を進

めていくうちにM&A自体が目的化して失敗に至るという典型的パターンがある。この失敗パターンの詳細は**第3章**にて考察する。

❷　戦略フレームワークの落とし穴にはまる

　巷に数多くの分析フレームワークが存在するが，使いこなせずに中身のない分析に陥るケースも多い。分析フレームワークの利点を活かしきれず，うまく整理できている気になるだけで中身のないSWOT分析が典型的な例だろう。フレームワークを活用すること自体を否定しているわけではない。検討結果をフレームワークに落とし込み整理することで，分析をさらに深めるというのであればよいが，最初からフレームワークに当てはめて戦略を策定しようとするのは避けるべきである。本来重要な検討事項のはずにもかかわらず，フレームワークに当てはまらないからという理由だけで半ば思考停止の状態で捨象してしまう。このような失敗パターンの詳細は**第4章**にて考察する。

❸　シナジーが絵に描いた餅になる

　マジックワードの代表格である「シナジー」。ストラテジック（戦略的な）M&Aでは多くの場合，シナジー効果を見込んでいる。一方で，想定どおりにシナジーを実現できるケースは少ない。シナジーの実現を楽観的に見込んで，高値掴みをしてしまうという典型的な失敗パターンである。この失敗パターンの詳細は**第5章**にて考察する。

❹　無謀にレッドオーシャンでの戦いに参入

　レッドオーシャンとは，ブルーオーシャンの対義語であり，競争の激しい市場を指す。事前に競争環境が激しいとわかっている市場であるにもかかわらず，参入して競争に巻き込まれる，または競争を仕掛けられて失敗に至るパターンである。この失敗パターンの詳細は**第6章**にて考察する。

❺　リスク回避が逆にリスクとなる

　M&Aを行うことにもリスクは伴うが，そのリスクをとらないことが逆にリスクになることもある。本来，業界動向や将来の見通しを踏まえるとM&Aを

するという選択が望ましいにもかかわらず，リスク回避によって投資を行わなかったことで競合他社にシェアを奪われたり，技術的な優位性を失ってポジショニング戦略上の立ち位置が悪くなってしまうようなパターンである。この失敗パターンの詳細は**第7章**にて考察する。

❻ ESG（環境・社会・ガバナンス）の配慮が不足

　昨今はESG（環境・社会・ガバナンス）がより重視されるような世の中になっている。

　M&Aを行った後に，買収対象企業において環境・社会・ガバナンス関連で問題が発生して撤退に至るケースがある。また，自社のESG対応がM&Aを推進するうえでボトルネックになるケースもある。この失敗パターンの詳細は**第8章**にて考察する。

❼ 驕りから強引な戦略を策定

　M&Aは，「買収する側」と「買収される側」という異なる立場を必然的に生み出す。「買収する側」はお金を出すので，立場が上であるかのように錯覚してしまい，これが驕りとなって失敗を引き起こすパターンがある。確かに買収することで経営権自体は取得することができる。しかし，買収後に「買収される側」の協力が得られなければ，M&Aを成功に導くことは難しくなる。

　企業を構成する「人」は各々感情を持っており，常に合理的に動くわけではない。買収する側が，要求する権利があるなどと驕り，買収される側の意向を無視した戦略を実行しようとすれば，反発されることは必至だろう。買収される側の意向ばかりに気を遣って戦略を策定すればよいというわけではないが，少なくとも反発が起こりうるということは意識して戦略を検討する必要がある。この失敗パターンの詳細は**第9章**にて考察する。

❽ 撤退戦略を見誤る

　買収した企業の業績が良いとは限らない。業績が悪くなっても撤退に踏み切れず，減損処理まで至るというケースがある。逆に，売却後にその企業が成功に至るようなケースも存在する。買収に際して，時間・労力を費やして，買収

先企業との関係が深まってくると,「ここまでやったのに」,「せっかくの縁なのに」と,冷静に撤退判断ができなくなるというのもわからなくはない。

さらに,自らが買収時に関わっていたのであれば,撤退するということは,自らの戦略や意思決定が間違っていたという自己否定を行うことに等しいわけであるから,その判断を行うのは非常に難しくなる。この失敗パターンの詳細は**第10章**にて考察する。

❾　戦略を支えるM&A実施体制を軽視

M&Aを推進していくうえで,戦略,資金,人材,仕組みなどが必要となるが,人材や仕組みが手薄で失敗に至るパターンがある。M&A担当者が人事異動で交代になった際にうまく引継ぎが行われていない,ターゲット・スクリーニングや投資判断に際しての基準が曖昧になっている等で引き起こされる。この失敗パターンの詳細は**第11章**にて考察する。

　着想コラム③　人間が持っているバイアス

　ロウソク問題(The Candle Problem)をご存じだろうか。2009年のTED Talksでダニエル・ピンク氏が紹介したことから聞いたことがあるという方も多いのではないだろうか。

　これは,ドイツの心理学者のカール・ドゥンカーが行った実験で,ロウソクを1本,マッチを数本,箱に入った複数の画鋲を与えて,被験者にロウが下のテーブルに滴り落ちないように垂直の壁にロウソクを点火した状態で立てさせるというものである。答えを聞くと「なんだ,そんなものか」と思うが,実験のプロセスは示唆に富んでいる。

　我々は何らかのバイアスを持って思考を行っている。このバイアスの一種で,あるモノの機能に固執するあまり,そのほかの機能に気づかなくなる心理的傾向を機能的固着という。たとえば,マッチであれば火をつけるもの,ロウソクは火をともすもの,箱は何かを入れるものという先入観があり,そのために,異なる使い方をするようなアイディアは出てきづらいものである。本実験では,最初に画鋲が箱に入っていることから本来の箱の機能に気付きにくくなっている。この

ようなバイアスが邪魔をして，答えにたどり着くのが難しい問題であった。答え
は，箱を画鋲で壁にくっつけて，箱の中でロウソクを立てて，点火するというも
のである。そうすることでロウが垂れずにすむ。

　カナダのサム・グラックスバーグはこのロウソク問題について，被験者を2つ
のグループに分けて，1つ目のグループは時間を計測するとのみ伝え，2つ目の
グループには早く解けた人には報酬を払うと伝えて実験を行った。結果は，報酬
を払うと伝えたグループのほうが遅くなったのである。つまり，報酬がクリエイ
ティブな発想の邪魔をすることがありうるということである。

　また，別の実験では，「1箱の画鋲」もしくは「箱と画鋲」と復唱させてから
ロウソク問題の回答時間を比較するというものである。結果は，「箱と画鋲」と
復唱したグループのほうが回答時間は短くなった。「1箱の画鋲」はあくまでも
画鋲を描写した表現であるが，「箱と画鋲」は文字どおり両者が並列関係であり，
両方の機能について意識できるようになる。

　人間は無意識のうちにバイアスを持っている。この点は，M&A戦略策定時に
も留意する必要がある。「ゼロベースで考える」という言葉があるが，存外難し
いことである。バイアスをなくし，収集したデータをフラットな目線で読み込み
検討を進めていくことが重要となる。

　とはいえ，M&Aを進めるのは大変な作業であり，ある程度の思い入れがなけ
れば乗り越えられない壁のようなものもある。撤退判断における冷静さが必要で
あるとはいったものの，やはり何事もバランスが必要である。

　また，「箱と画鋲」の例でもわかるように，戦略をどのように文章で表すのか
によって，読み手に伝わる内容が異なってくるため，一言一句，句読点の有無も
含めて，きちんと表現できているのかを考える必要もあるだろう。

第 3 章

失敗パターン①：戦略なき前進

Summary

　「戦略なき前進」の原因は，M&Aそれ自体を目的化するインセンティブが大きいことにある。戦略がなきものにされて推進されるケースもある。

―M&Aの成立がインセンティブ（メリット＞デメリット）に直結

　インセンティブ（報酬）のためにM&Aを成立させるという事例に心当たりはないだろうか。他の企業や事業を買収すれば，買収を推進した担当者にとっては，買収を成立させたという手柄をアピールできるほか，短期的には，企業の増収，増益に寄与することが多いため，賞与等にもプラスに働くことになる。一方，買収の本当の成果が見え始めるのには数年かかることもあり，デメリットは短期的に見えづらい。また，PMIでは買収を推進した担当者の関与が薄まることもあり，買収の成否についてはPMIの担当者に責任転嫁されやすい環境を生み出している。

―M&A戦略の良し悪しを議論する前に機能させる仕掛けが重要

　M&Aで多くの失敗をしている企業は，経営陣にも苦い経験をしたベテランが揃っているので，そうした失敗から学び，戦略を機能させる文化が根付いていることが考えられるが，失敗経験を重ねて，熟練していくのを待つというのは，良い方策とはいえない。そこで，何かしらの仕掛けを取り入れることが必要となる。1つ考えられる仕掛けとしては，M&Aの旗振り役がPMIにも関与をするということである。自分でPMIまでやることになると，無茶な戦略の推進を多少なり抑制できる。このような仕掛けは，平時に準備しておくというのが肝要である。

―骨太な戦略を練り上げられないジレンマ

　M&Aの推進に関わる担当者はM&A戦略の重要性を理解している。しかし，社長や役員が前のめりなM&A案件については，たとえ戦略的意義が見出せないような案件でも止めるのが難しい。上層部からの明確な圧力がない場合でも，忖度文化が根強いケースでは，戦略がなきものにされたりすることにつながる。

　　工作機械製造企業（A社）の新規事業展開におけるM&A

1　事例概要

　A社は，主に自動車向けの工作機械メーカーで，プラント建設に関わるEPC（設計（Engineering），調達（Procurement），施工（Construction））事業，デジタルを活用したソリューション提供等，幅広い領域で事業展開していた。業績自体は，2010年の約400億円から2016年には倍増の約800億円に成長し，営業利益率も10%～15%の間で推移をしており，競合他社と比べても非常に順調であった。2025年には現在の中計で掲げている売上高1,500億円を目指していた。

　A社の2010年代における急激な成長には，異業種事業を中心に数多くのM&Aを実行し，多角化志向により事業領域を広げてきたという背景があった。これまでのM&Aは，小さな失敗こそいくつか経験したが，大きな減損が生じるような案件はなく，比較的順調といえる状況にあった。

　そのような状況下から，A社は既存事業の底上げを行いつつ，今後も多角化経営を志向し，M&Aを積極的に行うことで売上高の拡大を図ることを基本方針としていた。

　さらなる多角化にあたり，有望な事業を調査していたが，その中でも今後の市場魅力度が高い人工知能（AI）ロボット事業への参入を試みることを検討していた。具体的には，経営企画部を中心にAIロボット事業に関する市場調査や参入の意義，参入方法の検討などである。そうした検討を続ける中で，専務取締役の1人がAIロボット事業を営むB社とパイプを持っていること，B社が事業の売却を検討している状況であることがわかった。そこで，経営企画部では，B社への出資検討を開始した。

2　買収に至った背景

　B社の初期的な概要調査を行ったものの，非上場企業ということもあり，調査はすぐに行き詰まった。公開情報だけを調べても埒が明かないので，まずはB社と直接対話を行ったほうがよいと判断し，A社の社長や専務取締役，経営企画部部長を中心にB社への挨拶訪問を行うこととなった。

　B社に訪問したことで，B社は3年後までにAIロボットの性能を格段に向上させる製品開発計画を立てており，今後の成長ポテンシャルは非常に高いことがわかった。また，B社は，創業者が株式の大半を保有しており，会社自体を大きく

したいとの思いから，Ａ社のグループへの参画に対して前向きな姿勢であるという感触を得た。

　Ａ社はこの訪問で得られた情報に基づいて，Ｂ社への出資の妥当性について，社内で検討を開始した。これまで，Ａ社にはAIロボット事業の経験はなく，既存事業とも関連性が薄い状況であったが，業界に知見のある有識者にもヒアリングを行い，AIロボット事業に投資すべきか否かの検討を行った。

　Ａ社の社内においては，検討が不十分であり，投資目的が不透明であるとの意見もあった一方で，AIロボット事業の魅力度が高いことや，Ｂ社の事業の見通しも明るく，事業成功時には大きな売上高の獲得が見込まれることなど，買収を行うメリットも強調された。

　また，Ｂ社の創業者が株式の売却に対して前向きだったことや，パイプとなった取締役の仲介により，Ｂ社と良好な関係を築いていることから，このチャンスを逃すと参入の機会を失ってしまうという懸念もあった。さらに，自社が多角化を目指しているという基本方針もあり，最終的にはＢ社の株式を取得するという判断に至った。

３　買収後の経緯

　Ａ社の既存事業とAIロボット事業の関連性は薄く，Ａ社内に当該事業に精通した人員はいなかったが，Ａ社はこれまでのM&Aと同じように，Ｂ社に１名の役員を派遣して，主に財務面の管理を行った。Ｂ社においてはＡ社が参画する前から開発を進めていた新型の製品があったため，当初見込んだとおり業績は伸びていた。しかし，数年経った頃から新製品の開発がうまくいかなくなり，業績が悪化し始めた。Ａ社は立て直しを図ろうとしたが，事業面についてはＢ社にほとんどを任せていたことから，Ａ社主導で改善計画を立てることは困難な状況であった。AIロボットの業界は技術進歩が早く，試行錯誤しているうちに，競合他社がシェアを伸ばしてしまうような状況であった。

　Ｂ社の利益が赤字に転落したことで，Ａ社は撤退を検討し始め，シナジーも特段見込まれることがなかったことから，最終的にはＢ社の株式を売却した。

（※）この事例はフィクションであり，上記企業は実在しない。

1 ▌戦略なき前進が招く結果とは

　A社事例の何が悪い点として挙げられるだろうか。

　やはり，事業の多角化を目指した先に何があるのか，B社の買収を通じて何を成し遂げたいのか，M&Aの要となる戦略がなかった点が，B社の買収が失敗に至った1つの要因になっている。たとえば，A社がB社の技術を活用して新たな事業を確立していくようなシナジー施策の実現案など，何かしらとりうる方策が描かれていれば，このような結果にはならなかったかもしれない。

　多くの企業が，パーパスや長期ビジョンを掲げている一方で，それが戦略に落とし込まれていない，もしくは曖昧になっているケースが多い。きちんとした戦略がないと何が正しいのかが評価・判断できなくなってしまう。そのような状態を防ぐために，M&A戦略は羅針盤的な役割を果たす。

　あれもこれもと買収を重ね多角化していって，結局シナジーを生み出せず，撤退を余儀なくされる企業も存在する。もちろん多角化戦略をうまくコントロールして，事業を拡大している企業もある。ここでお伝えしたいのは多角化することが目的となり，最終的に何が行いたいのかが見えないと成功はおぼつかないということである。

　過去に失敗した案件のM&A戦略に関する検討資料を見てみると，実は「中身のない」戦略だったというケースが多い。なぜ，そんなことになるのだろうか。そして，戦略がない状態でなぜ買収ができたのだろうか。順を追って解説していきたい。

2 ▌M&Aは手段であって目的ではない

⑴　戦略なき前進の2つのパターン

　「M&Aは手段であって目的ではない」という言葉は，M&Aに関わったことがある人であれば，耳にタコができるぐらい聞かされているのではないだろうか。ここまでも何度も指摘してきたとおりである。なぜ，この言葉が繰り返し言われ続けるのかというと，M&Aは，すぐにそれ自体が目的化するからにほかならない。M&Aのプロセスが進んでいくと，M&A担当者のマインドが，

何が何でもディールを成立させなければと切り替わってくることが多い。担当
者は，成果を出すことを求められていることが背景にあるが，この状態ではす
でにM&Aの実施が目的になっている。

　なお，「戦略なき前進」といったときに，実は2つのパターンがある。1つ
目は，そもそも戦略がなかったというケースである。投資銀行等から案件が持
ち込まれて，戦略がないまま検討を始めて進めてしまうというパターンである。
2つ目は，戦略はあるが機能していないという状態である。意外かもしれない
が，2つ目のパターンに該当している企業が多い。

(2)　なぜ，戦略なきM&Aが実行されるのか

　これは根深い問題であるが，ビジネスパーソンの持つモチベーションと
M&Aの特性に起因している。

　M&Aの実施は社内外で注目の的となり，大型M&Aであればメディア等で
も大きく取り上げられる。また，マジョリティ（議決権の50%以上）を取得し
て連結すれば，業績に直結することから，担当者自身もビジネスパーソンとし
て高い評価を得られる。買収先の役員としてポジションを得られる可能性もあ
り，M&Aを実行していくモチベーションにつながる。

　一方，買収後数年経過して失敗が判明する場合であっても，その時にはすで
にM&Aを推進した担当者がいなくなっているようなケースは多い。大人数で
検討を進めるような場合には責任の所在はさらに曖昧になり，そのうえPMIが
うまくいかなかったせいであると，後続フェーズに責任転嫁が行われる。この
ような背景から，目先の評価を求め，そして後先を考えず，「戦略なきM&A」
が実行されてしまう。

　目的なき買収の陰に，短期的な業績改善を意図したM&Aもある。年度の数
値目標等があり，それをM&Aで達成するというものである。目標がプレッ
シャーとなり，M&A自体が目的化してしまうという流れである。とりわけ，
新規事業での成長を見込んでいる場合には，土地勘がないビジネスで抑制が効
きにくくなり，よりM&A自体が目的化しやすい環境となる。

3 ｜ 戦略を機能させる＝M&A自体を目的化させない仕組み

　実際に，M&Aの実務に携わっていると，M&A自体が目的化して失敗するという話を頻繁に耳にするし，目にもする。M&A自体の目的化が失敗に至るとわかっていても，それでも突き進んでしまう。わかっているのに止められないのは，上述のように複数の根深い問題があるからであり，様々な角度からバランスを保ちながら抑制していくしかない。

　バランスを保つとはどういうことか。たとえば，M&Aを実施すること自体が担当者のモチベーションになってしまうという問題に対して，モチベーションを解消するためにM&Aの実施に関して一切人事上の評価をしないといったらどうなるだろうか。誰も苦労してまでM&Aを推し進めようとしなくなってしまうだろう。つまり，すべてのM&Aの実施に対するモチベーションを抑制してしまっては意味がないということである。

　そうすると，無茶なM&Aを実施させない抑制のメカニズムが重要となることがわかる。たとえば，自ら推し進めたM&Aに対しては一定期間PMIにも関与させ，結果に対する責任も負わせるというのが1つの手立てである。自ら責任を負ってPMIを進めるとなると，ディールの内容をしっかりと検討するインセンティブが増す。

　社内における権力者がM&A自体を目的化して，社内で誰も止められない場合には，社外取締役や外部アドバイザーの力を借りるのが最も有効な対策である。社外取締役や外部アドバイザーは，第三者としての客観的な視点で意見することができる。社内の意見は権力者の前では通りづらいが，外部の第三者の意見であれば無下にすることはできず，止められる可能性はある。

　そのほかにも持ち込み案件に飛びついてしまうという経営リテラシーの低さや，M&A戦略の策定担当者の異動で過去の戦略との連続性や整合性が保てないこと等が原因となって，M&A戦略が機能しないという事態が起こりうる。打ち手は色々と考えられるが，戦略に関する社内ワークショップを実施して，自社の戦略に対する理解や，重要性の再認識，今後の方向性を共有するというのも1つの手立てである。

　M&A自体を目的化させないためには，企業の状況にもよるが，上記のよう

に複数のアプローチで抑制していくのが望ましい。最も重要なのはM&A自体が目的化するとM&Aの失敗につながりやすくなるということを再認識することである。

4 ┃ 曖昧な戦略による弊害

(1)　骨太な戦略がないと合意形成だけでも疲弊

　M&Aを行う場合には，ほとんどの企業において社内の合意形成が必要になる。部内外，経営陣等を含めると関与者は多数にのぼる。それらすべてと合意形成を図る必要はないものの，主要なメンバーだけでもそれなりの労力を要する。

　合意形成に際し，きちんとした骨太な戦略がないと「なぜ，このM&Aが必要なのか」という疑問や，「M&Aに頼らず自社の力だけで成長は可能だ」という反論に対処することが難しい。補足しておくが骨太な戦略があっても，M&Aのように新たな試みを行う際にはこうした疑問，反論は必ず出てくるものである。こうした疑問，反論に耐えうるような骨太な戦略が必要となる。

　この骨太な戦略を考える際には，コーポレート側の経営企画等の部署と，事業部側の意見がうまく取り入れられるように工夫する必要がある。それでは，経営企画と事業部のどちらがM&A戦略の策定を主導したほうがよいだろうか。既存事業の範囲内で買収を検討するような場合で，かつ全社的なインパクトがそれほど大きくないものについては事業部が主導するのが望ましいケースが多い。事業部のほうが事業内容を理解しており，事業上の戦略的意義やシナジー案，PMIについても具体的に検討することができることが理由として挙げられる。

　人間は常に合理的な行動をとるとは限らない。しばしば非合理的な行動をとっている。ビジネスであっても同様である。たとえば，合理的に考えれば主力事業の拡大のためにM&Aを行うのが全社的には望ましいという状況下で，予算は限られているにもかかわらず，他の事業部門が大型のM&Aを行おうとしようものなら批判の的になるだろう。特定の部門の責任者であれば自部門の売上や利益を最大化することに注力しているため，他部門がM&Aで巨額の予

算を費やしたり，それによって評価を得るのは喜ばしくないと考える人も一定数存在するだろう。どの目線で物事を考えるのかによって，ある行動が合理的かどうかは変わってくるのである。局所的には合理的と考えられる行動であっても，全社的にみると非合理になりうるのだ。

そのため，社内では各々の立場からそういった局所的な意見が噴出してくる。そうした意見に対するロジックの整理や，説明のための会議体の設定，会議を行う前の根回し等々，合意形成を図るだけで疲弊するケースも多い。本書の読者の皆さんも身に覚えがあるのではないだろうか。

どの局面で誰を巻き込んでいくのかも重要な検討ポイントになる。コーポレート側でM&A戦略を策定しているケースにおいて，買収対象企業とのLOI（Letter of Intent）締結前で，まだ戦略を考えている段階であれば事業部を積極的に巻き込まなくてもよいケースもある。

ただでさえタイトなM&Aプロセスの中で，このような合意形成に時間をとられるのは非効率である。戦略が曖昧だとM&Aが失敗に至る可能性が高まるとはいうが，その曖昧な内容の問題もさることながら，関与する者の協力を得られなくなるなど，様々な方面に悪影響を及ぼす。

(2) 戦略なき前進の根本原因を分析する

RCA（Root-Cause-Analysis，根本原因分析）で原因を考えてみると，根深い問題が潜んでいることがわかる（図表3-1）。たとえば，「失敗時に退職や転職しており，失敗しても責任を負わない」という点は行為ではなく，経年変化であるため，その原因自体の改善は難しいこともある。定年退職や将来的な転職を止めさせることはできない。

また，上述のとおり，M&Aを推し進めるのが権力者である場合には誰も止められないということもありうる。権力者の暴走やそれ自体が目的化しているM&Aを止める力を持ち，経験も豊富で，ロジカルな人材は希少な存在である。もし，そのような人材がいるのであれば，すぐさまM&A検討の責任者にすべきである。

しかし，現実問題としてそのような超人的な人材は少ない。そうであるからこそ，繰り返しになるが，M&Aの推進担当者がPMIに関与することをセット

としておくことが1つの打ち手となりうるのである。それは平時からM&A戦略の一環として組み込んで，メンバーで共有しておくのがよいだろう。上記のように社内ワークショップを活用するというのも一法である。

どこが原因になりうるのかは企業によって異なるため，「戦略なき前進」型のM&Aを行っている場合には，自社の戦略不在の原因がどこにあるのかを特定して，最善な打ち手を考えていくことが求められる。

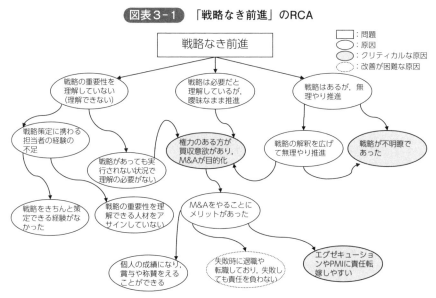

図表3-1　「戦略なき前進」のRCA

(出所：デロイト トーマツ ファイナンシャルアドバイザリー合同会社作成)

(3)　愛社精神がM&Aの目的化を抑制する

本章の最後に，M&A自体の目的化を防ぐ有効な方法として，愛社精神を向上させることも挙げておく。愛社精神とは，文字どおり，会社を愛する精神である。会社のために尽くすという根性論を述べる気は毛頭ないが，M&Aを推進すること自体に担当者がインセンティブをもつ状態になっているとき，この愛社精神がM&A自体の目的化を抑制することにつながることがある。自らの評価につながる案件であっても，会社のためにならないのであれば，進めるべきではない。そういう気持ちを醸成することである。

着想コラム④　M&Aによる地域活性化

　昨今，地域活性化に資するようなM&Aが１つの潮流になってきている。これは事業承継に伴うM&Aが増えていることとリンクしている部分があるが，それ以外に企業の社会的貢献がより重視されるようになってきていることも背景にあると考えられる。

　地域活性化は，政府も推進している重要課題であるが，企業活動の観点では，地域ならではの特性を活かした，サステナブルな事業モデル作りが推進されている。各地域には，その地域特有の資源や産業があり，卓越した技術や製品を有する企業が数多く存在している。このような企業の存続やさらなる成長は，地域活性化に直接寄与するものである。

　従来，営利的な組織である企業は，経済的な利益を追求するものと考えられていた。しかし，環境問題等の社会課題が深刻化した現代社会において，企業の存在意義は大きく変化している。企業活動の継続は，人間社会の持続の上に存在するものであるため，企業は，社会の一員として，あらゆるステークホルダーからの多様な要求に対して，適切に対応する必要があり，持続可能な社会の実現に貢献する義務を有するのである。

　企業による社会貢献は，企業価値にも反映されるようになりつつあり，多くの機関投資家において，企業の社会貢献度を投資判断に勘案するESG投資を重視するようになっている。また，一般消費者においても，商品購入や投資，就職といった企業選択の際に，社会貢献やSDGsへの取組み度合いを考慮する傾向が次第に強まってきており，もはや事業活動に社会貢献の視点は必要不可欠なものとなっている。

　このような社会からの要請に応えるべく，地域活性化に資するM&Aは年々増加している。企業にとっても，地方における後継者の不在に起因する事業承継M&Aは，比較的小さな投資額で優良企業を買収することが可能であるため，メリットが大きい。後継者不足の解消に寄与しつつ，地域活性化に貢献し，さらに買収対象企業の業績を伸ばし，自社の利益につなげることができれば，「三方よし」である。著者も地方出身であるが，地元が活性化されると非常に嬉しいものである。

第 **4** 章 | 失敗パターン②：戦略フレームワークの落とし穴にはまる

Summary

　フレームワークは非常に便利なものであるが，使い方を間違えると非現実的な戦略の策定につながる。

―戦略の良し悪しまでは判断ができない

　たとえば，アンゾフの成長マトリクスでは，市場軸と製品軸の４象限で戦略を分けている。M&Aにおいて多角化戦略は，難易度が非常に高く，成功に結び付けるのが難しい。しかし，この成長マトリクスでは，戦略の実現可能性まではわからないため，多角化戦略の象限にきれいに当てはまれば，いかにも良い戦略かのようにみえてくる。また，多角化戦略をとれば，新しい領域で事業を展開していくことになるので，その業界の知見を有する者が社内に少なく，「何となく」で検討が進んでしまう。

―フレームワークに頼りすぎて思考停止に陥る

　SWOT分析やクロスSWOT分析のようなフレームワークを使用する際，情報をフレームワークに当てはまるように整理することが目的となり，そこから戦略への示唆が何も得られないケースが多い。実際に企業が戦略を策定する際，SWOT分析の分析結果が活かされていないという調査結果もある。

―落とし穴にはまらないようにM&A戦略立案の方法論を習得する

　失敗を防ぐには，まずM&A戦略立案の方法論を身につける必要がある。正しい方法論に基づいて検討し，検討結果を整理するためにフレームワークを活用する。フレームワークを用いることで検討結果を直観的に理解できるようになる。また，担当者がフレームワークを悪用し，あたかも戦略を正しいように見せるロジック補強を行っていないかを社内の意思決定者は見抜く必要がある。M&A自体が目的化している場合には，担当者は何とかM&Aを正当化しようとするインセンティブを有することがあるため留意が必要である。

事例2	メディア運営企業（B社）によるプロバスケットボール 運営会社のM&A

1　事例概要

　B社は，日本国内において，金融，ビジネス，ITといった分野のWebメディアを運営する中堅企業である。主な収益源は広告収入であり，業界は参入障壁が低く，常に激しい競争に晒されている状況であった。そのような事業環境の中で，既存事業においては，さらなる成長や収益性の改善余地が小さくなっており，新たな事業の柱を作るべく検討をしていた。

　そんな中，プロバスケットボール運営会社であるA社の親会社が，経営不振のためA社を売却するという話が，銀行経由で舞い込んできた。B社は，バスケットボールチームの経営ノウハウ等は有していなかったが，A社の買収を検討することとした。

2　買収に至った背景

　B社は，そもそもプロバスケットボールの市場がどのようになっているのかわからないことや，A社についても不明な部分が多かったため，SWOT分析でA社の強み，弱み，市場の機会や脅威などを整理した。

　A社は九州地方で知名度があるプロバスケットボールのチームであった。個性豊かな選手が揃っているため，集客力が高いという強みがあると考えられた。また，COVID-19で来場者が減少したが，現在は徐々に回復してきており，今後の事業拡大の機会も高いと見込んだ。

　一方，弱みとしては，九州での知名度は高いものの，全国的には，あまり知られていないことが考えられた。また，他のチームも選手強化に取り組んでおり，このままのチームの立ち位置を維持し続けられるかということが脅威として考えられた。

　B社の社内では，なぜプロスポーツチームに投資をするのか，他の事業に資金を充てたほうがよいのではないかという懐疑的な意見もあり，議論が継続的になされていた。しかし，「成長マトリクス」のフレームワークの中にある「新規市場×新規製品」という多角化戦略をとっている企業が多いことや，既存事業が伸び悩んでいること等もあって，多角化をしていかなければならないという基本方針のもとで，投資を行う方向性で話が進んでいった。そして，買収後の青写真やシ

ナジー仮説を練り上げ，最終的に売主や運営会社からの納得を得られて買収する
に至った。

3　買収後の経緯

　買収後，B社は，バスケットボールチームの運営会社に数名の経営陣を派遣した。
B社としては，自社のWebメディア事業のノウハウをA社でも活かすことで，メ
ディア媒体を通じたファンの増加を目指した。オンライン面ではノウハウを有す
る一方で，リアルでのファンエンゲージメントについては弱みがあった。A社に
派遣されたB社の経営陣も，試行錯誤しながら顧客接点を強化し，顧客単価を向
上させる取組みを行ったが，なかなか効果を出せていなかった。

　また，シナジー効果を生み出すのも，想定以上に難しかった。当初は，Webメ
ディア事業とプロバスケットボール事業の間での相互送客を狙っていた。買収前
には何となくうまくいきそうな気がしていたものの，実際には思うような結果を
得ることができないというような状態が続いていた。

（※）この事例はフィクションであり，上記企業は実在しない

1 ┃ フレームワークの使用は思考停止のトリガーになる

　世の中には，一定の型に基づいて分析や検討を進めるフレームワークが数多
く存在している。うまく情報を整理することができるので，その便利さからフ
レームワークが用いられる状況は多々みられるが，フレームワークに当てはめ
て安直に結果を求めるという検討方法は避けたほうがよい。

　分析フレームワークを用いること自体をすべて否定するわけではない。情報
をうまく整理するためのツールとしては有用である。しかし，フレームワーク
に情報を当てはめること自体が目的化して，半ば思考停止の状態に陥り，本来
考慮すべき重要な事項を捨象してしまわないように留意すべきである。

(1)　フレームワークでは実現可能性まで検討できない

　M&Aの中で，特に難易度が高いのが多角化を目的とするものである。新し
い領域に進出するのが難しいということは容易に想像がつく。実際の失敗事例
をみても，M&Aの目的として多角化を掲げていた企業は非常に多いのである。

　有名な戦略フレームワークとしては，経営学者のイゴール・アンゾフが考え
た成長マトリクスがあり，一般的には「アンゾフの成長マトリクス」と呼ばれ
ている。アンゾフは「経営戦略の父」とも呼ばれており，経営企画に関わって
いるビジネスパーソンであれば，１度はその名を耳にしたことがあるだろう。
このフレームワークはアンゾフが1965年に発表した論文が起源となっており，
かなり古くから活用されているものである。

　簡単に説明すると，アンゾフの成長マトリクスでは戦略の方向性を４象限に
分けており，市場浸透（既存の市場×既存の製品），新市場開拓（新規の市場
×既存の製品），新製品開発（既存の市場×新規の製品），多角化（新規の市場
×新規の製品）と分類している（**図表4-1**）。

　実務に携わる立場からすると，厄介なのは多角化戦略である。実は，この多
角化戦略が，M&A戦略の検討の際に罠（トラップ）となりやすい。このフ
レームワークの４象限のうち，多角化戦略の難易度は他の象限と比べて格段に
高いにもかかわらず，フレームワークは各象限の実現可能性までは表現できな
いことから，何となくできそうな気がしてしまう。さらに，「アンゾフの成長

図表4-1　アンゾフの成長マトリクス

		製品（サービス）	
		既存	新規
市場（地域・顧客セグメント）	既存	市場浸透 （既存の市場×既存の製品）	新製品開発 （既存の市場×新規の製品）
	新規	新市場開拓 （新規の市場×既存の製品）	多角化 （新規の市場×新規の製品）

（出所：各種Webサイトを参考にデロイト トーマツ ファイナンシャルアドバイザリー合同会社作成）

マトリクスでは…」と説明されると，戦略の考え方によほど詳しくなければ否定がしにくくなってしまうのもトラップ化する要因かもしれない。新しい事業領域には，通常土地勘がないと考えられるので，かなり精密なプランがないと失敗に至る可能性は高まる。

　M&A戦略策定の通常のプロセスを踏めば，決して出てこないような無茶な戦略が，フレームワークから出発して考えたために生み出され，それが失敗に結び付くという流れである。実際にフレームワークできれいに整理されていると，その戦略の問題点はみえづらくなるのである。

⑵　SWOT分析はよく使われるが，使用方法には要注意

　フレームワークとして有名なものに，SWOT分析がある。読者の皆さんも１度は耳にしたことはあるだろう。

　SWOT分析は，自社の強み（Strength）や弱み（Weakness），外部環境変化による機会（Opportunity）や脅威（Threat）を整理する際に有用なフレームワークとして知られている。実際，内部・外部環境分析を行う際の切り口として参考になる。ただ，SWOT分析における上記の４項目を「埋めること」は，単に情報収集にすぎず，「分析」とはいえない。しかしながら，SWOT分析のこの埋める作業を行っていると，分析した気になってしまい，そこで思考停止に陥ってしまう可能性があるため，注意が必要である。

　参考として，高い技術力に定評のある家電メーカーＡ社を想定して，SWOT分析の例を示してみよう（**図表4-2**，実例ではなく，あくまでイメージを掴むための架空のケースである）。Ａ社は，自社の強みを高い技術力とデザイン性，弱みを価格競争力と少ない製品ラインナップと認識している。一方で，家電業界に関して，技術進展に伴うスマート家電市場の拡大やCOVID-19での巣ごもり需要に事業機会があり，海外メーカーの低価格品の流入や革新的な製品を産み出すスタートアップの参入を脅威と感じている。

　ここで，事業戦略策定の観点から，このSWOT分析の結果に目を通してみると，内部・外部環境を一定程度整理することはできているものの，有効な戦略を導くには至っていないことがわかる。

　このように，SWOT分析は情報整理のツールであって，戦略を導出するた

めのツールではない。SWOT分析を通して，自社の特徴や外部環境動向等を可視化したうえで，別のアプローチによって戦略立案を行わなくてはならない。

　このようなSWOT分析の問題については，1997年にロンドンビジネススクールのテリー・ヒル（Terry Hill）教授らが発表した"SWOT Analysis: It's Time for a Product Recall"という論文においても記述されている。本論文は，SWOT分析の活用について分析したもので，SWOT分析は，一般的で曖昧な用語で行われ，その後の分析や検証はほとんど行われていないことやSWOT分析の結果は，企業内外の様々な要素に一様に適用される傾向があること等を指摘し，SWOT分析というフレームワーク自体がリコールされる時ではないかと，その有用性に疑問を投げかけているのである。何よりもSWOT分析の分析結果が，戦略プロセスには活用されていない問題を指摘している。

図表4-2　家電メーカーのSWOT分析の一例

強み（S）	弱み（W）
• 高い技術力を活かした高機能な製品群 • デザイン性の高い製品群　等	• 価格競争力の低さ • 製品ラインナップの少なさ　等
機会（O）	脅威（T）
• 技術進展によるスマート家電市場拡大 • COVID-19での巣ごもり需要　等	• 海外メーカーの低価格品の流入 • スタートアップによる新規参入　等

(出所：デロイト トーマツ ファイナンシャルアドバイザリー合同会社作成)

(3)　クロスSWOT分析を使えばよいという話ではない

　同様に，クロスSWOT分析も万能とはいえない。クロスSWOT分析とは，SWOT分析にて整理した強み，弱み，機会，脅威を組み合わせ，事業成長に向けた有効な施策を策定する手法である。1982年に，サンフランシスコ大学のハインツ・ワイリック（Heinz Weihrich）教授によって発表された"The TOWS Matrix – A Tool for Situational Analysis"という論文にて提言されている。強みと機会からは「強みを活かして機会を獲得する」，強みと脅威からは「強みを活かして脅威に打ち勝つ」，弱みと機会からは「弱みを克服し機会を逃さない」，弱みと脅威からは「弱みや脅威からリスクを防ぐ」ための施策を検討するものである。

　家電メーカーＡ社におけるクロスSWOT分析の例を**図表4-3**に示した。SWOT分析における４項目を掛け合わせることで，Ａ社の強みを活かした施策や弱みを補うための施策を挙げることができているようにみえる。しかし，これらの施策の妥当性や有効性，優先順位等については，クロスSWOT分析のみでは判断することができない。また，高機能の追求と低価格モデルの展開等，相反する施策も同時に生み出されてしまうため，一貫した事業戦略の策定が困難になるといった問題もある。

　フレームワークの正しい活用方法を理解できていないと，SWOT分析やクロスSWOT分析によって戦略策定が完了したと勘違いして，誤った戦略に則って事業（M&A）を推進してしまうおそれがある。

図表4-3　家電メーカーＡ社によるクロスSWOT分析の一例

	強み（S）	弱み（W）
機会（O）	・巣ごもり需要を狙った，より高機能でデザイン性の高いスマート家電の開発を推進	・廉価版ブランドを立ち上げ，低価格モデルや製品ラインナップの拡充を図る
脅威（T）	・技術開発を加速し，低価格品や新規参入プレイヤーに打ち勝つ	・海外メーカーやスタートアップの買収による防衛

（出所：デロイト トーマツ ファイナンシャルアドバイザリー合同会社作成）

2 ┃ 落とし穴を回避するためには

⑴　代表的なM&A事例においてもフレームワークを使っていない

　ネット検索で「戦略フレームワーク　事例」などと調べると，具体的な企業事例がヒットする。そこでは，戦略がフレームワークに当てはめられて整理されているが，これらの企業で実際に戦略フレームワークを使用して戦略が策定されているわけではない。あくまでも，これらの検索結果は，戦略フレームワークに事例を当てはめて紹介しているだけである。

　すでに作られた戦略をフレームワークに当てはめてみることと，戦略フレームワークから戦略を作り出すことには雲泥の差がある。前者はあくまでも結果論にすぎないからである。戦略は，最終的な方向性や結論が正しいかどうかも

重要ではあるが，その結論に至るまでのロジックが正しいかどうかのほうがより重要である。戦略フレームワークの誤った使用は，この検討プロセスを蔑ろにしてしまうリスクがあることから，留意が必要である。

　フレームワークを用いて企業の戦略を説明するなど，フレームワークの使い方を解説する本もあるが，はっきりいって無意味である。実際のM&A担当者に，戦略の策定にあたってフレームワークを使っていたかを問うと，答えはノーである。そのような本は，あくまで結果をフレームワークに当てはめて説明しているだけであり，フレームワークを使えば，戦略を導き出せるかのような誤解を与えてしまう。

　有名なフレームワークとして，PPM（プロダクト・ポートフォリオ・マネジメント）理論，プロダクト・ライフサイクル，5フォース分析，3つの基本戦略，バリューチェーン分析，7S分析，BMC（ビジネスモデルキャンバス），PEST分析，3C分析，SWOT分析，4P分析，等があり，本書では1つずつのフレームワークの解説は行わないが，それぞれのフレームワークの利点を考えつつ，使用することが求められる。

3 ┃ フレームワークを有効的に活用するためには

　基本的には「抜け漏れチェック」と「壁打ち」に用いるのがよい。様々な情報を分析して，自社のM&A戦略の方向性を決定した後に，分析した情報に抜け漏れがないかを確認する際に用いる。たとえば，買収後に共同開発した製品の販売を考えているのであれば，4P分析の4つの観点（製品（Product），価格（Price），流通（Place），プロモーション（Promotion））がきちんとシナジー検討の際に考慮されているのかをチェックをする。

　一方，「壁打ち」については，マイケル・ポーターの3つの基本戦略に基づき，自社が差別化を進める方向で戦略を考えている際に，コストリーダーシップ，集中化といった選択肢は取りえないのかを考えてみることで，現在自社で考えているM&A戦略の方向性が妥当といえるのか否かを確認することができる。M&A戦略策定においては，フレームワークのメリット・デメリットを理解しつつ，適切な使用方法で用いることが重要なのである。

第 **5** 章 失敗パターン③：シナジーが絵に描いた餅になる

Summary

　M&Aにおけるマジックワードの代表格は「シナジー」である。買収前に想定したシナジー効果は，買収後に実現できず絵に描いた餅になることが多い。その一方で，買収前には「シナジーがあるから買収する」という大前提でM&Aを推進してしまうというM&Aの七不思議の１つである。

―シナジーが絵に描いた餅になる根底には戦略の軽視がある

　M&Aにおいてシナジーの実現が難しい理由は複数ある。「シナジー仮説が不明瞭で実現性に欠けていた」，「シナジー仮説はあったが推進できなかった」，「想定していた前提条件が整わなかった」などである。「前提条件が整わなかった」を除くと，戦略が軽視されていることが原因の根底にある。

―シナジーを実現するのは人であり，担当者のコミットが重要

　M&Aでは買収前後で担当者が変わることがある。買収成立までは経営企画部が推進し，成立後は事業部でPMIを担当することが多い。同じ部門でPMIまでを担当した場合も，人事異動により担当者が変わることもある。

　担当者が変わる場合，引継ぎが行われるが，暗黙知や熱意まで引き継ぐのは難しい。そこで，M&A推進の担当者が，シナジー実現までコミットするのが望ましい。コミットすることで責任感が生まれ，立案するシナジー仮説の実現可能性が高まるし，買収前後をシームレスにすることで効率的なM&Aの推進が期待できる。

―シナジー仮説は極力少なくする

　多くのシナジー仮説を挙げる必要はない。限られた時間やリソースの中で実現可能性の低いシナジー仮説を追い求めることは非効率である。「シナジーがあるからM&Aをする」という形で実現可能性の低いシナジー仮説が並んでいる場合にはM&A自体が目的化している可能性もある。

| 事例3 | アパレル小売業（C社）の同業他社のM&A |

1　事例概要

　アパレル製造・小売業を営むC社は，比較的高い価格帯の婦人服に特化している。日本を中心にアジア圏で事業展開を行っているが，海外事業については伸び悩みの状態であった。

　C社は，2015年に設立され，業界の中では若い新興企業であったが，業績は増収増益基調にあった。創業者がファッション性の高い婦人服を得意としていたことから，C社の事業戦略は，この得意領域に集中しユニークなデザインを取り入れて顧客基盤を固めながらも，認知度を上げて顧客層を広げていくことであった。

　一方で，高価格帯で商品展開を行っていたため，顧客層の拡大が頭打ちになりつつあり，経営企画部や製品開発部を中心に，今後どのように事業を拡大していけばよいかという議論が行われていた。婦人服だけではなく，靴やアクセサリーまで手掛けてみるか，紳士服にも挑戦するか，さらにはその他の事業に進出するアイディアも出てきていた。ただ，婦人服を得意としている中で，他事業への進出については，社長や経営企画部の中でも消極的な意見が多かった。

　そのような状況下でM&Aのブティックファームから，社長のもとに，高機能性を備えた婦人服を展開する企業の買収案件を持ち込まれた。婦人服の領域ということもあり，良いチャンスだと捉え，社長は経営企画部のメンバーにこの買収案件を検討するよう指示を出した。

2　買収に至った背景

　経営企画部の部長は，買収検討の指示を受けた際に，社長が非常に前向きなスタンスであることを感じ取り，M&Aの成立に向けて検討に取りかかった。買収対象企業の業績は安定しており，特段問題はなかった。自社の高価格帯でファッション性の高い婦人服と，買収対象企業の高機能性を備える婦人服によって，どのようなシナジーを創出できるのかが検討のポイントとなった。

　経営企画部のメンバーは，数週間かけて，様々な角度から想定されうるシナジー案を検討した。新規商品開発においては，「自社の商品に高い吸湿性を加えた夏服の開発やインナーの拡充」，販路面では，買収対象企業が高機能のアウトドア商品を提供しているため，「自社製品をアウトドア用品販売店でも展開」，コスト面では，「製造オペレーションの効率化」や「一部店舗の統廃合」等，様々なシナジー案を

挙げることに成功した。

　経営企画部の検討結果を，社長をはじめ経営陣に説明し，本買収によって得ることができるシナジーを強調した。社長からもGoサインが出たことから，2020年に買収対象企業を買収した。

3　買収後の経緯

　買収直後から，当初想定していたシナジー案を実現するべく，各部署において，取組みを開始した。しかし，各々のシナジー案の優先度を決めず同じタイミングで着手したため，自社および買収先の人的リソースが不足し，買収前のマイルストーンどおりに計画は進まなかった。また，そもそもが高価格帯の商品に高機能性を付加しても，単価は上がらず，かつあまり顧客層も増えなかった。

　また，シナジー案を検討した経営企画部の主要メンバーについても，部署の異動等により，徐々に本件への関わりが薄れていってしまった。C社は，シナジー案の実現に向けてPMIに2年を費やしたが，結果的にどのシナジー案も明確に実現するまでには至らなかった。

　また，買収を行ったことで，ファッション性の高さで知られていたC社のブランドイメージがブレてしまい，自社のコア事業である高価格帯の婦人服の売上を落としてしまった。そのような状況下で，C社は婦人服のシェアを改善すべく，コア事業に再注力したため，シナジー案実現の優先度が下がってしまった。

（※）この事例はフィクションであり，上記企業は実在しない

1 ┃ シナジーは夢物語なのか

　シナジーを実際に実現させて成長につなげている企業も存在する。ただし，簡単に実現できたという企業は実際のところ少ないだろう。シナジーの実現のためには多くの労力が割かれている。しかも，自社のみではなく買収対象企業の協力も必要となってくる。組織文化の異なる企業同士が協力しながらシナジーを生み出すのは非常に大変なことである。一方で，既存の事業では生み出せなかった利益であり，得られる果実も大きい。

(1)　同業他社の買収ならではのシナジー効果

　M&Aにおいて同業他社を買収する場合には，サプライチェーンの統合によるシナジー効果を比較的生み出しやすい。たとえば，調達先の集約によるスケールメリットや，単価の安いもしくは品質の高い調達先に集約する効果も考えられる。そのほかにも，物流であったり，オペレーション上の効果も見込める。たとえば，飲食業であれば，調理・営業・マーケティング担当者のトレーニングの共通化やノウハウ共有等も考えられる。

　自社が同業他社に対して業務遂行上の競争優位（オペレーショナル・エクセレンス）を有していたり，差別化ができている場合には，買収対象企業とのシナジー効果を生み出しやすい。ただ，競争優位を有しているからといって自社のやり方をすべて買収対象企業に移植すればよいというわけではない。自社の強みと相手の強みをうまく組み合わせ，お互いの弱みを補い合いながら，適切なシナジー効果が実現するように工夫すべきである。

(2)　シナジーをマジックワード化させないようにする

　シナジーがマジックワード化するのをいかに防ぐか。ここでいうマジックワードとは，M&Aの遂行を正当化するための魔法の言葉という意味である。シナジーは便利な言葉であるが，便利さに覆い隠される副作用もある。

　シナジーがなぜマジックワード化するかといえば，M&Aの教科書では，デューデリジェンスの不十分さや，妥当な事業計画でバリュエーションができていないことなどが挙げられている。しかし，それは失敗の本質ではない。その真の原因を掘り下げて対処すれば，マジックワード化することなく，実現ができる。

　また，シナジー仮説を立てる際には，実現可能性の高いものと低いものを分類しておくとよい。この実現可能性の判断基準は，PMIの担当者にとっても納得感のあるものにしなければならない。PMIの担当者からすれば，自分が考えたわけでもないシナジー仮説の実現に向けて，相当の労力を費やすことになるのである。もし実現可能性の低そうなシナジー仮説の実現が求められていたなら，PMIに責任転嫁しないでほしいと思うのは必然であり，モチベーションは著しく低下するだろう。そのため，シナジー仮説の実現可能性について前もっ

て議論しておき，結果にコミットするように巻き込むようにしたいところである。

2 ┃ マジックワード化の原因

　シナジーが絵に描いた餅になる「マジックワード化」はなぜ起こるのだろうか。M&Aの七不思議の１つともいえる現象であるが，M&Aプロセスの各所で議論される現象である。ここではその要因を掘り下げてみる。

　主な原因としては，以下のようなものが考えられる。

(1)　ベースとなるM&A戦略が不明確であること

(2)　実現可能性が欠けていること

(3)　外部環境に想定していない動きがあったこと

(4)　M&A候補先に合わせた仮説検証プロセスが抜けていたこと

(5)　「戦略の重要性理解」，「情熱」が欠けていたこと

(1)　ベースとなるM&A戦略が不明確であること

　シナジーを考える際には，明確なM&A戦略が必要である。M&A戦略が不明確であると，シナジーの効果も不確かなものになる。不明確な例としては，A社が関東，B社が九州で事業を展開している場合，単に「顧客層を拡大する」といっても，その具体的な方策が不明確であれば，戦略としては不十分である。

　一般的に，「どのように実現するか（How）」という考え方は，アイディアを広げるために戦略策定の初期段階では避けるべきであるが，アイディアが固まった後には，その「How」を検証することで戦略の妥当性や実現可能性を確認することが重要である。理想的には，その戦略が「なるほど，これはうまくいくだろう」と感じられるほど筋が通っている状態が望ましい。

(2)　実現可能性が欠けていること

　シナジー仮説が楽観的で実現可能性に乏しいものになりがちなのは，人間の主観やバイアスが影響するからである。典型的な例としては，社長が特定のプ

ロジェクトに熱意を示したり，M&A担当者がディールの進行に伴い，M&A自体を目的化してしまう状況が挙げられる。長期間にわたって検討された案件に対しては，「何としても成功させたい」というバイアスが働くことがよくある。このようなバイアスが介入すると，実現可能性に欠けるシナジー仮説が生じる可能性が高まる。

⑶　外部環境に想定していない動きがあったこと

　外部環境の見立てが外れるような場合を未然に防ぐのは難しいだろう。どんなに綿密に外部環境調査を行ったとしてもCOVID-19や東日本大震災のように予測ができない事象が存在するためである。他社が新たな技術開発を成功させ，想定していたシナジーの効果が薄まってしまうこと等もありうる。

　リカバリー策として，状況に応じて戦略仮説の見直しを行うことが重要である。前提条件が変われば，戦略仮説も変わるべきであるという認識を持つことが必要である。シナジーを実現するには確かに情熱や粘り強さも求められるが，最初に設定した目標や仮説に固執する「根性論」は避けるべきである。

⑷　M&A候補先に合わせた仮説検証プロセスが抜けていたこと

　デューデリジェンスの過程で，シナジー仮説の検証は必須である。通常，この検証はビジネス・デューデリジェンスの一環として行われる。その理由は，買収対象企業の事業や能力が，事前に想定していたものと異なる場合が多いからである。公表情報をもとにシナジー仮説を立てることは可能だが，デューデリジェンスを通して新たな情報を得ることで，その仮説を精緻化すべきである。

　シナジーが実現できないケースに，事前に想定していた能力が実際には，買収対象企業に存在しなかったという場合がある。デューデリジェンスといっても，どんな情報にもアクセスできるわけではないため，一定の制約は仕方ないが，重要なポイントについては買収対象企業に情報開示を積極的に求める必要がある。検証すべきポイントが不明確であれば，不必要な情報まで開示を求めることになる可能性がある。そのため，何が絶対に必要な情報であるかを事前に検討しておくことが望ましい。

⑸　「戦略の重要性理解」，「情熱」が欠けていたこと

　根本原因分析（RCA）に基づき，M&Aの失敗やシナジーの不発について考察すると，最終的には，戦略が軽視されていた，またはM&A戦略が明文化されていない，戦略に確固たる意志がないといった点が主な原因であると考えられる（**図表5-1**）。シナジーを実現し，M&Aを成功に導くためには，冷静さと情熱を併せ持つことが不可欠である。

　前のめりになりすぎてM&A自体を目的化するのは問題であるが，情熱を持って計画的に進めるM&Aは，PMIにも良い影響を与える。このようなアプローチは，買収対象企業にも熱意が伝わり，PMIに対する担当者のコミットメントが高まる可能性がある。PMIはしばしば後回しにされがちであるが，情熱を持って取り組むことで，その成功確率は高まる。

図表5-1　「シナジーが絵に描いた餅になる」のRCA

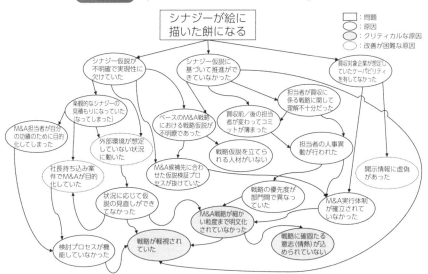

（出所：デロイト トーマツ ファイナンシャルアドバイザリー合同会社作成）

3 シナジーだけでなくディスシナジーも忘れてはならない

(1) 代表的なシナジー・ディスシナジーの例

　M&Aの際にはシナジーだけではなく，負の影響であるディスシナジーや統合コストもあらかじめどのようなものが考えられるのか，それを最小化するためにはどうすればよいのか等の検討を行っておくことが重要である。

　とりわけ大きな論点になるのは，IT関連の統合である。ディスシナジーとはいかなくとも，シナジーを実現するために多大な費用が必要になるような場合もありうることを想定しておく必要がある。

　シナジーは，大きく売上面とコスト面のシナジーに分けることができる。売上面では，クロスセリング，新製品の共同開発等が挙げられる。コスト面では，共同調達や共同の資産活用等が挙げられる。一般的にコスト面のシナジーのほうが実現しやすいという傾向がある。売上面のシナジーについては，顧客に対して販売を強化することや新たな商品を販売するなど，外部要因が大きく関わってくるが，コスト面であれば自社および買収対象企業でコントロールがしやすいからである。

図表5-2　代表的なシナジー（例示）

シナジー分類	シナジー項目	概要
売上向上	クロスセリング	• 一方の企業の顧客に対して，他方の企業の商品・サービスの提案を行い，売上拡大につなげる
	営業機会の増加	• 両社で同じ顧客に営業活動を行っている場合，どちらか一方の営業リソースを新規顧客に振り向け，売上拡大につなげる
	製品ラインナップの拡大	• 新製品の共同開発や両社の製品を組み合わせた販売など製品ラインナップを拡大する
費用低減	規模の経済	• サプライヤーに対して交渉力の大きいほうが両社商品の調達業務を担い，ボリュームディスカウントで調達コストの削減につなげる

	重複機能の統合	• 両社で重複している機能（研究開発，調達，製造，物流，営業）を有効活用することで，運営コストを削減する
	ノウハウ共有による効率化	• 両社の各機能（研究開発，調達，製造，物流，営業）におけるノウハウを共有することにより業務効率化を図る
	技術共有による研究開発力の向上	• 研究開発において技術共有による効率化および新技術開発を図る
	ブランド統一化での広告力の向上	• 共通ブランドの使用により，広告力増加および広告宣伝費の削減につなげる
資産効率シナジー	投資効率の向上	• 投資パフォーマンスの高い企業が両社の投資を担うことで，経営資源の効率化を図る
	資産の共同活用	• 投資を両社で有効活用することで，二重投資を抑制する
	保有不動産の効率化	• 研究開発，製造，物流，営業拠点の統廃合により，保有不動産の効率化を図る
ディスシナジー／統合コスト	ITシステム統合にかかるコスト	• 両社のITシステムを統合する場合にシステム統合コストが発生する
	機能の統廃合によるコスト	• 機能（研究開発，調達，製造，物流，営業）の統合や再配置に伴って追加コストが生じる
	スタンドアローンコスト	• カーブアウトによる事業譲渡や部分的な買収によって新たなコストが生じる
	顧客や従業員の流出	• M&Aの影響により顧客離れや従業員の退職が誘発される
	販売先のカニバリゼーション	• 両社で同一顧客や商品を有している場合の買収後の販売総量が減少する

（出所：中山博喜『買収後につながる戦略的デューデリジェンスの実践　外部環境分析の考え方・技術』（中央経済社，2020年））

(2)　詰めが甘くならないように留意

　「何となくシナジーがあるだろう」という曖昧な判断で投資を行うのは危険である。時間がないという理由で細かい検証を省略するケースもあるが，シナジーの実現可能性をしっかり評価することが重要である。情報が限られている場合や時間がない場合もあるが，事前にシナジー仮説を準備し，必要な要素を

明確に定義しておくことで，検討時間を短縮できる。

　シナジーが理論上は成立する場合でも，その実現の難しさは考慮する必要がある。たとえば，機能統合によるシナジーを目指す場合，人員の整理が必要になることもある。状況によっては人員整理の難しい場合もあり，そのような状況が実行の優先度を下げる可能性もある。そのため，M&A戦略は買収前から買収後までをしっかりとコミットし，実行可能な内容にしておくことが重要である。

4 ┃ シナジー実現に向けたアクションプランの策定

　シナジーを実現するためには，具体的な行動が必要である。人間には怠ける傾向があるため，何を，いつまでに，誰が行うのかといった点を明確にする必要がある。このように具体的な計画を立てることで，どれだけのシナジーがいつまでに実現可能かを可視化することもできる。そのため，シナジー仮説を早い段階で立て，PMIに向けてアクションプランを策定することが望ましい。

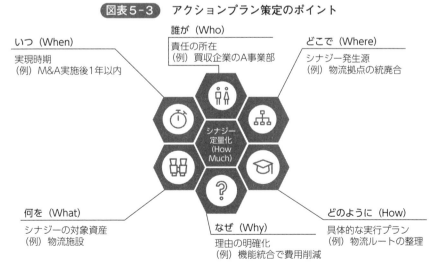

図表5-3　アクションプラン策定のポイント

いつ（When）
実現時期
（例）M&A実施後1年以内

誰が（Who）
責任の所在
（例）買収企業のA事業部

どこで（Where）
シナジー発生源
（例）物流拠点の統廃合

シナジー
定量化
(How
Much)

何を（What）
シナジーの対象資産
（例）物流施設

なぜ（Why）
理由の明確化
（例）機能統合で費用削減

どのように（How）
具体的な実行プラン
（例）物流ルートの整理

（出所：中山博喜『買収後につながる戦略的デューデリジェンスの実践　外部環境分析の考え方・技術』（中央経済社，2020年））

　アクションプランを策定する際には，その実現可能性も考慮する必要がある。たとえば，買収側と買収対象企業がクロスセリングを行う場合，単に両社の営業担当者が協力すればよいわけではない。商品の販売には専門知識が必要であり，その習得のために適切なトレーニングが必要である。さらに，クロスセリングを成功させるためには，担当者がモチベーションを持てるような仕組みづくりも重要である。営業担当者には従前の営業ノルマのほか，他社の製品を販売するために新たな知識を習得する追加負担がかかることも考慮しなければならない。また，買収対象企業の労働組合の動向も重要な要素である。労働組合がM&Aに反対する可能性もあり，その影響力を事前に評価しておくことが求められる。これらの多角的な観点を考慮しながら，アクションプランを策定することが求められる。

 着想コラム⑤　タバコ部屋でのコミュニケーション

　かつて，タバコ部屋は，仕事を円滑に進めるための重要な場所だった。しかし，喫煙スペースが減少し，タバコから遠ざかる人も増えている。私の知人には，仕事中だけタバコを吸い，プライベートでは避ける人もいる。その理由を聞いたところ，「タバコ部屋での会話が仕事を進める秘訣だから」という答えが返ってきた。これを「タバコミュニケーション」と呼ぼう。

　最近では，タバコミュニケーションの機会は減っているが，ポイントはインフォーマルなコミュニケーションが重要であるということだ。たとえば，飲みニケーションといった言葉もある。アルコールだけでなく，コーヒーやランチを共にすることでも同様の効果が期待できる。つまり，タバコ部屋がなくても，他の方法でコミュニケーションをとる手段は存在するのだ。

　さて，話が脱線してしまったが，M&Aは企業や事業の買収であり，その意思決定を行うのは最終的には「人」である。買収側，買収対象企業が信頼関係を築ければ，M&Aは円滑に進行する。逆に，双方が警戒心を持つと，買収後にも多くの問題が生じる可能性がある。この点でもインフォーマルなコミュニケーションが重要になる。

　堅苦しい会議だけでは，お互いの本音が出しにくいもの。そこで，インフォー

マルな場を活用することが有用である。タバコ部屋や，会議後のランチ，ディナーなどがその例だ。長い会議にはコーヒーブレイクが設けられることもあり，その際にコーヒーやお菓子を楽しみながら情報交換するのも重要である。インフォーマルな場でのコミュニケーションは，信頼関係の構築に寄与する。仕事中には険しい表情ばかりしているような人物が，プライベートでは親しみやすい性格である場合も少なくない。本来の人となりに触れることで，フォーマルな場でもコミュニケーションが容易になる。

　最近は，M&A，とりわけクロスボーダー案件のデューデリジェンスで，オンラインでのマネジメントへのインタビューが多く行われている。本来，対面でのインタビューが望ましいが，クロスボーダー案件では時間的にも物理的にも制約が多く，効率を考慮するとオンラインでの対応を選択せざるを得ない場合もある。それでも，初回のインタビューくらいは対面でと感じることも多い。

　COVID-19の影響でコミュニケーションが希薄になっているが，状況が次第に落ち着いてきた今，以前のようにコミュニケーションを活発にしながら効率的に業務を進めたいところである。

第6章 失敗パターン④：無謀にレッドオーシャンでの戦いに参入

Summary

競争の激しいレッドオーシャン市場に参入して過当競争に巻き込まれ，M&A による事業拡大が失敗するケースがある。他の企業から見てレッドオーシャンであっても，自社からすればブルーオーシャンになるような戦略を描けるかどうかを，事前に念入りに調査・検討することが求められる。

―ブルーオーシャンに塗り替えていく必要性

M&Aによりレッドオーシャン市場に飛び込むのは無謀であるが，買収を通じて市場構造自体を変革することで，競争の少ないブルーオーシャンに塗り替えることも考えられる。たとえば，競争が激しいB2Cビジネスにおいて，自社の調達網や販促戦略，ブランド力等を活用し，買収対象企業のビジネスモデルに自社の利益を生む仕組みを移植できれば，他社が真似できない新たな事業領域ともなりうる。

―自社の戦力を見誤り無謀な戦いに挑むのは避ける

置かれた状況を甘くみて，参入後に競合プレイヤーに太刀打ちできないケースがある。特にその市場で2番手以下のプレイヤーを買収して参入をする場合，トップ企業からの攻勢を受けることがある。自社にとっては新規事業でも，買収対象企業にとっては平常運転であるなどと考えてはならない。買収が虎の尾を踏むことになる可能性を考慮しておくべきである。

―無謀と挑戦は紙一重

実務において無謀と挑戦の線引きは難しい。白とも黒とも判断できないグレーの領域があるからだ。外部環境が良い方向に動けば挑戦，そうでなければ無謀になるようなケースもある。外部環境を自社の力で動かすのは難しいということも考慮して，失敗しても立て直しができる柔軟さ，レジリエンスを意識したい。

| 事例4 | 外食チェーン（D社）による同業他社のM&A |

1 事例概要

　関西地方のロードサイドを中心にレストラン事業を営んでいるD社は，地元でも有名な企業で，リピート客も多いため，外食産業の中では業績も比較的安定していた。一方で，中長期的には主力地域である関西地方の人口減少が見込まれ，将来，顧客が大幅に減少することも想定されるため，それを補うべく，他の地域での事業拡大を検討していた。

　D社は中価格帯の焼肉店をチェーン展開しており，ファミリー層を中心に顧客を獲得していた。D社は焼肉に特化することで，同地域のファミリー層向けレストランと差別化を図っており，中価格帯ながら高品質な肉を提供しているということで，関西地方ではグルメサイトでも上位に名前が挙がるほどの人気を誇っていた。

　国内の外食産業市場は需要減から頭打ちが見込まれているが，首都圏への人口一極集中の傾向は続く見通しであることから，首都圏に進出することで，一定程度成長が見込めると判断した。ちょうど良いタイミングで，銀行から首都圏を中心にレストラン業（韓国料理）を展開するA社の株主が売却を検討しているとの情報を得て，買収による首都圏進出の検討に至った。

2 買収に至った背景

　買収対象企業のA社は韓国料理店をチェーン展開しており，これまでとは違った顧客層にもアプローチできると見込んだ。また，A社の採算性に問題がある店舗については，D社の手掛ける焼肉店に切り替えることで増収が見込まれた。業態の変更により，既存のオペレーションや人材，店舗を活用しつつ，首都圏への進出も図れるということで，A社は買収対象として魅力的であると判断をした。

3 買収後の経緯

　首都圏は関西地方とは異なり，低価格～高価格まで幅広い価格帯の競合店がひしめき合うレッドオーシャンであった。また，買収対象企業の韓国料理チェーン店は，常に新規参入の脅威にさらされており，伸び悩みの状態にあった。

　さらに，首都圏における焼肉店の展開については，肉の品質やタレ，見栄えで差別化を試みたとしても，比較的容易に模倣されてしまうことから，焼肉に特化するだけでは，他社との差別化が図れない状況に陥っていた。関西地方では知名

度もあり，長年地元の顧客に愛されてきたレストランであるものの，首都圏では数多くの飲食店があり，同じようなポジションを築くことができなかった。

　当初こそ話題性から人気を博したD社の首都圏進出であったが，低価格な大規模チェーン店が販売を強化したことや，COVID-19において他社がデリバリーサービスを開始するなかテイクアウト・デリバリー事業への対応が遅れたことも相まって，首都圏店舗は顧客を競合に奪われ，売上が激減，閉鎖・撤退を余儀なくされた。

（※）この事例はフィクションであり，上記企業は実在しない

1 ▎なぜ，レッドオーシャンに参入してしまうのか

　あえて競争の激しい市場に飛び込むM&A事例がある。市場規模が大きく，高い成長性が見込まれる，参入障壁が低い業界は，競争環境の厳しいレッドオーシャンの場合が多い。レッドオーシャンの市場に参入すること自体を否定するわけではないが，戦略のないまま参入することに対しては否定的にならざるを得ない。そもそもがレッドオーシャンの市場で，何の対策も講じないまま同業を買収しているようなケースもみられる。レッドオーシャンに参入してしまう理由の1つとして，買収対象企業が参入予定市場ですでにビジネスを行っていることから，買収後もその延長線上でビジネスを行えばよいと安易に考えていることが多いことが挙げられる。M&Aでは，買収対象企業の既存事業の範囲内で買収後の経営を考えるというバイアスが存在する。このバイアスが，買い手側企業と買収対象企業との協業により，新たにブルーオーシャンを作り出していく（見出していく）という発想が生まれない原因にもなりうる。

　もちろんレッドオーシャンで勝てる戦略を描くこともできる。たとえば，他社に真似のできない機能や知名度，ブランド力を有していれば，それを買収対象企業の事業にも活用することでレッドオーシャンでも勝ち残る可能性はある。ただし，すべての企業がレッドオーシャンで勝ち残ることができるわけではない。そのような場合には，買収後の協業により，ブルーオーシャンを作り上げていくことができないかを検討することが求められる。

2 ┃ ブルーオーシャンを作り上げていく必要性

⑴　様々なメリットが得られる

　ブルーオーシャンにおいて，企業は競合がいない（少ない）状況で事業を行うことができる。また，ブルーオーシャンではユニークな事業が多く，メディア等でも取り上げられる機会が増えるため，マーケティング面でもプラスになる。さらに，まだ見つけられていない潜在的なニーズに対してサービス提供をしていくことになるため，社会を良くしていくことにもつながる。

⑵　海外の格安航空の事例

　ここでは，事例として海外の格安航空（LCC）のS社を簡単に取り上げたい。S社で注目すべきなのは，格安価格で，単にシェアを伸ばしただけでなく，参入障壁をうまく築けているという点である。単に価格を下げるだけであれば，他の航空会社に模倣され価格競争に巻き込まれて，すぐにレッドオーシャン化することになる。

　しかし，S社は，ハブ空港を利用しない，座席指定を受け付けないなど，既存の航空会社が真似できないようなビジネスモデルを組み立てた。ハブ空港は空港利用料が高く，また多数の航空路線が集中し混雑するため発着枠の問題などにより離着陸に時間を要する可能性がある。座席指定を廃止すれば，そのためのシステム投資が不要になるだけではなく，利用客が良い席を早く確保しようと競うため着席するまでの時間が短くなる。

　こうした施策を既存の航空会社が真似しようとすると利用者の不満につながることから，容易に導入することができない。ほかにも色々な仕掛けを用いることで，市場全体はレッドオーシャンにもかかわらず，その中で他社が参入しづらいブルーオーシャンを作り上げているという面白い事例である。

3 ┃ M&Aにブルーオーシャンを取り入れる

　S社は単独でブルーオーシャン戦略を成功させている事例であるが，このようなブルーオーシャン戦略を，どのようにM&Aに取り入れるのかが重要であ

る。具体的には，自社と買収対象企業が協業することで新たなブルーオーシャンを創出できる可能性を検討すべきである。そのために，経営戦略や事業戦略の延長線上にどのようなブルーオーシャン・ビジネスが考えられるかを検討し，それを実現する能力を持つ企業をM&Aの対象とする。

　ただし，このような戦略は単純に聞こえるかもしれないが，実際には多くの困難が伴う。ブルーオーシャンを作り上げるには，他社と差別化された何らかの独自の価値を提供する必要があり，市場（顧客も含めた既存のプレイヤー）の理解を得るのが難しい場合もある。さらに，買収対象企業にも事業の方向転換を強いる場合には，当該企業からの反発も考慮する必要がある。このような課題を克服するためには，M&A戦略においてビジネスモデルの妥当性を明確にし，買収対象企業とも認識を共有できるように事前の準備が求められる。

第 **7** 章 失敗パターン⑤：
リスク回避が逆に
リスクとなる

Summary

　M&Aのリターンとリスクはトレードオフの関係にあるように思えるが，リスクは回避しようとする行動が逆に新たなリスクを生む場合も存在する。

―リスクを減らすためにマイノリティから出資するのは悪手
　「リスクを減じるために当初はマイノリティ投資を行い，将来的には議決権の過半数を取得する」という戦略は，一見合理的に見えるが問題が多い。最終的に支配株主として経営権を取得する意思があるのであれば，最初からその方向で動いたほうがよい。マイノリティ投資後に業績が向上した場合，支配株主になるための追加買収価格が高騰する可能性がありうる。さらに，経営権を持たない状況ではガバナンスが効かせづらく，協業を円滑に進めてシナジーが生み出すためのハードルは格段に高くなってしまう。

―投資をしないというリスク回避行動が将来的なリスクとなる
　リスク回避という観点からM&Aを避けることで，逆に競合企業に攻勢を許し，市場における自社のポジションが悪くなる場合もある。M&Aを行わないという選択が最善かどうかを慎重に見極めて，そのうえで意思決定を行うべきである。M&Aを実行した場合のリスク，M&Aを回避した場合のリスクを比較検討し，どちらの行動をとるべきかを判断すべきである。

―M&Aにおいてとるべきリスクととるべきではないリスク
　戦略に合致し，リスクを避けると窮地に陥る可能性が高い場合には，積極的にリスクをとるべきである。一方で，リスクを過度にとることや，戦略の方向性が不明確なままにリスクをとることは再考すべきである。実際には「無謀か，それとも挑戦か」の判断が難しいケースも多い。許容できるリスクかどうかは，戦略や業界動向を踏まえて総合的に判断するしかない。

事例5　電子部品製造業（Ｅ社）のM&A検討

1　事例概要

　日本国内で電子部品製造業を営むＥ社は，精密機械や工作機械向けの部品製造を主軸事業としている。事業ポートフォリオに偏りがあるため，事業の多角化を目指し，新たな成長分野への参入を模索していた。特にロボット事業の市場成長に注目しており，自社の技術力も活かせると考えていた。そのような中で，ロボット事業を手掛けるＡ社が出資者を探しているとの情報を得て，出資の可能性を検討し始めた。

2　買収に至らなかった背景

　当初は非常に前向きに検討を進めていた。しかし，市場調査を行う過程で，Ａ社が手掛けるロボット事業の市場が今後確立するかどうか不透明であると判明した。そのため，社内では参入は時期尚早ではないかという意見が大多数を占めるようになった。

　社内での意見がまとまらない中で，デューデリジェンスやバリュエーションを進め価格交渉も行っていたが，想定よりも出資が必要な状況となった。さらに，直近の決算発表で業績が悪化したことから「本業に注力すべきではないか」との意見も出てきた。結局，Ａ社への出資は見送られた。

3　その後の経緯

　Ｅ社が手掛ける精密機械や工作機械向けの電子部品製造については，中国政府が支援に力を入れており，莫大な補助金を拠出している。そのため，中国企業は生産能力を拡大し，日本への輸出も大幅に増加している。中国製品は低価格でありながら，一定の品質を維持しているため，日本国内でのシェアも拡大していた。

　このような状況下で，ユーザーは低価格な中国製に切り替えるようになったことから，Ｅ社の主力であった電子部品製造事業の収益が急激に悪化し，最終的には破産に追い込まれてしまった。

（※）この事例はフィクションであり，上記企業は実在しない

1 ┃ なぜ，リスク回避がリスクにつながるのか

「攻撃は最大の防御」という言葉があるが，裏を返せば，攻撃（M&A）し

ないことで競合からの攻撃にさらされ，危機的な状況に追い込まれる可能性があるということである。過度に攻撃的になってリスクをとるべきだというわけではない。とるべきリスクをとらなければ，株主をはじめとしたステークホルダーが期待するリターンを得ることは困難である。経営者が保身に走って，事業変革が遅れた結果，競合との間にもはや埋められない差が生じるケースはしばしば散見される。過度な保守主義は行動を鈍らせ，その市場でのポジショニング活動に悪影響を与えることを肝に銘じたい。

⑴　マイノリティからマジョリティは悪手なケースが多い

　M&Aの選択肢として「当初はマイノリティ投資でリスクを抑え，将来的には議決権の過半数を取得する」という戦略がよくとられる。ただし，このようなアプローチで失敗するケースが多い。まず，マイノリティ投資後に業績が向上した場合，株価が上がり，その後の経営権取得のコストも高くなる。加えて，業績が向上しているということは，買収対象企業も当然業績向上に寄与しているわけであるから，買収対象企業（の株主）はそのリターンを得ようとする。

　また，マイノリティ投資の場合には経営権を持たないわけであるから，ガバナンスを効かせづらいという問題もある。さらに，業績が思わしくない場合であっても，マジョリティ投資を行う方針であった場合には，そのまま投資を進め，当初にマイノリティ投資でスタートして意味がほとんどないようなケースも多い。

　このような理由から，リスク回避のためにマイノリティ投資からスタートするという戦略は，その戦略自体にリスクを抱えており，悪手にもなりうることを意識しておくべきである。

⑵　市場が未成熟だからという理由で参入を見送り，先行者利益を逸失

　将来的に市場が成長するか否かが不明瞭な場合には，参入にはリスクが伴う。しかし，市場が成熟した段階での参入は，先行者として得られる利益を逸失する可能性が高い。さらに，市場が成長した後には，買収価格が高騰する傾向が存在する。

　早期参入により，必ずしも有利になるとは限らないものの，企業が長期的な

戦略として，その市場への参入を予定しているのであれば，市場が成長しな
かった場合に被る損失と，市場が成熟した後に必要となる買収コストを比較検
討し，判断するのが望ましい。

(3)　社内でのリスク回避行動もM&Aに悪影響を及ぼす

「事なかれ主義」は典型的な問題行動である。上司などの権力者が誤ってい
るにもかかわらず，反対意見を述べることで自らの評価に悪影響が及ぶことを
恐れ，行動を起こさないという，リスク回避行動の一形態である。

この「事なかれ主義」は，折衷案を好む傾向がある。たとえば，AさんとB
さんが戦略に関して異なる意見を持っているときに，双方の意見を取り入れた
折衷案を作成することが多い。AさんやBさんの意見は，それぞれのロジック
を持っていたとしても，折衷案として組み合わされた結果，不明瞭な戦略が生
まれることがある。

2 ｜ リスクをとるべきか，回避すべきかをどのように見極めるのか

徹底的に分析を行い，成功する確率が五分五分と予測される場合，経営判断
でリスクをとるという選択も考慮すべきだろう。未知のリスクを定量化するこ
とは困難であるので，「五分五分」という表現はあくまで感覚的なものになら
ざるをえない。実務上，「白」か「黒」か明確に判断できるという状況はほぼ
ない。多くの場合は「グレー」な状態が残る。最後は経営判断で決めるほかな
い。自社の戦略にとってその案件がどれほど重要なのか，リスクをとってでも
こだわる案件なのか等を総合的に検討し，最終決定する。

(1)　無謀と挑戦の線引きをどのように考えるのか

成功する可能性が少しでもあると思える場合，失敗のリスクが多少あっても
「挑戦」と位置づけられる。一方で，どんなに考慮しても明らかに失敗すると
確信できる場合は「無謀」である。競合他社が手を出さないような事業や新し
い地域への進出に失敗するリスクはつきものであるが，それが成功すれば市場

での差別化や優位性につながる。このようなケースは「挑戦」として評価されるべきである。

　ただし，買収対象企業のすべてを理解できるわけでもなく，外部環境も数年のスパンで見ると予測不能な動きをすることもしばしばである。そのため，何が「成功」と「失敗」のボーダーになるのかを，M&A戦略の策定過程で慎重に検討し，そのボーダーラインにどの程度到達しうるのかを「無謀」と「挑戦」の判別基準とするしかない。

⑵　無謀な戦いを避けるために必要なこと

　「何が何でもコンセンサスを得るべき」という考えは誤りである。「挑戦」と位置づけられるケースで全会一致の賛成が得られることはない。多くの人々はリスクをとりたくないし，責任も負いたくないと考える。その結果，全員の意見を尊重しようとすれば，意思決定は保守的になる。

　「無謀」を避けるために，たとえば，M&Aにおいては，規模の小さい企業を数件買収して経験を積むというアプローチも有効である。2～3件のM&Aを経験することで，ある程度の勘所がわかってくる（もちろん案件ごとに特性があるため，すべてのケースに通用するわけではない）。大規模な企業買収にいきなり挑むのではなく，小規模な企業のM&Aを経て，最終的に目標とする本命企業にアプローチするという戦略も一考に値する。

　すべての失敗を避けることは不可能である。予想外の事業環境の変化が起こる場合や，期待した能力を買収対象企業が有していなかった場合など，M&Aには多くの不確実性が存在する。

　したがって，リスクをとって失敗しうることも想定しながら，M&A戦略を策定することが肝要である。社内で失敗するリスクを共有し，理解を得ておくことも必要である。また，「卵は1つのカゴに盛るな」という格言が，投資の際に参考になる。すべてのリソースを1つのプロジェクトに集中させると，そのプロジェクトが失敗した場合に大きな損失を被る可能性がある。リスク分散の観点からも，慎重な検討が求められる。

着想コラム⑥　VUCAの時代にどのように対応していくか

　先が読みづらい不確実性の時代というのは今に始まったことでない。現在，我々が第4次産業革命の真っ只中にいるといわれているが，これまでにも少なくとも3回の産業革命を経験している。産業革命とは，テクノロジーの進展が引き起こす社会構造の大きな変化を指す。第1次産業革命は水力や蒸気機関による工場の機械化（動力の獲得），第2次産業革命は石油・電力による大量生産が可能とした重化学工業の発展，第3次産業革命はコンピューターを活用したデジタル技術による自動化が主な特徴である。そして，現在進行中の第4次産業革命は，AI・IoT等の高度なIT技術が牽引する技術革新とされている。

　なぜ，現代は変化が激しい時代といわれているのだろうか。その理由は，高度なIT技術が多様な事柄を相互に関連づけるようになったからである。IT技術の活用により，物理的な距離や時間的な制約が減少し，多くの事柄の境界が曖昧になっている。この結果，グローバル化がさらに進展し，多くの産業の垣根が取り除かれた。企業には，このような複雑性が増す外部環境に，臨機応変に対応していくことが求められている。

　産業構造の急速な変化だけでなく，様々な社会問題の顕在化も企業の事業環境を複雑にしている。国内では少子高齢化や格差社会が進行しており，グローバルレベルでは環境問題，食糧問題，地政学的リスク等が深刻化している。急速に進む技術革新に適応し，同時にこれらの社会的責任を果たしていかなくてはならない。幸いなことに，先行きの不透明性はすべての企業に共通しているといえるのである。

　先行きが不透明な環境であっても，**第1章**で紹介したガートナーのハイプ・サイクルによれば，ある程度予測可能なトレンドも存在する。今後は，これらのトレンドをもとに将来を予測し，シナリオに応じた対応策を事前に練ることが，他社との差別化につながるであろう。

　将来を正確に予測することは不可能であるため，複数のシナリオを想定しておくことが肝要である。変化が激しい環境においては，可能な限り多くのシナリオを考慮し，メインシナリオに基づいて事業を展開すべきである。そのうえで，状況が変化した場合には，柔軟性をもって臨機応変に対応することが求められる。

第 8 章 失敗パターン⑥：ESG（環境・社会・ガバナンス）の配慮が不足

Summary

　ESGの重要性は近年ますます高まっている。特に，ESGへの配慮不足により生じる問題が大きな損害をもたらす可能性があるため，M&Aの過程でもこの点を考慮する必要がある。

―ESGの影響範囲は広く，M&Aにおいても念入りな調査が求められる

　環境問題に対する配慮が不足すると，地球環境はもちろんのこと，地域社会に悪影響を及ぼす可能性があり，人権問題にも波及しうる。買収対象企業だけでなく，その調達先や業務委託先等にESGの観点で問題があれば，それが自社に影響を及ぼす。とはいえ，M&Aには時間的な制約があるため，買収対象企業の調達先等までのESG対応状況を完全に調査するのは困難である。買収後に問題が生じ，責任追及される場合に備え，事前の調査には最善を尽くすことが肝要である。

―買収後のモニタリング方法も戦略検討段階で検討しておく

　ESGに関しては，買収時だけでなく，買収後にも，より多角的なモニタリングを行う必要がある。社会的な潮流が変化する可能性も考慮し，継続的にモニタリングを行う。また，問題が発生する懸念がある場合には，早期に対策を講じなければならない。ディール期間中に時間的な制約で調査ができなかった項目については，買収後に確認することが重要である。

―トレードオフ思考からの脱却

　ESG対応にはコストがかかるため，ESGと業績（利益）がトレードオフの関係にあるという考えがある。確かにコストは発生するが，これをコストと捉えず，投資として経済的価値に結び付けていく思考が必要である。社会貢献を目的とした事業でも，経済的価値につながるようなM&A事例もある。

事例6　専門商社（F社）の海外市場への展開

1　事例概要

　専門商社であるF社は，主に食料品を海外から調達し，日本国内で卸売を行っている。近年，国内でのチョコレート需要が増加していることから，カカオ豆の輸入と卸売に参入することを検討していた。こうした背景を踏まえ，F社はカカオ豆市場について調査を行い，有望な買収対象企業をリストアップした。その結果，カカオ豆農家と良好な関係を築き，取扱量も大きい専門商社B社をターゲットとして買収の検討を開始した。

2　買収に至った背景

　日本の人口は減少の一途をたどっているものの，チョコレート市場の需要は依然として堅調であり，今後も成長が見込まれていることから，F社は投資の機会をうかがっていた。消費者ニーズが多様化している中で，B社は様々な種類のカカオ豆を取り扱っており，その商品ポートフォリオは消費者の要求を十分満たすことのできるものであった。業績も堅調に推移し，世界的なカカオ豆の不足にもかかわらず，B社は今後も安定した調達・供給が可能であると見込まれていた。デューデリジェンスの結果も，事業面における重大なリスクは発見されなかった。これらの要因を総合的に考慮し，F社はB社の買収を決定・実行した。

3　買収後の経緯

　買収後もB社事業は順調に業績を伸ばしていたが，ESGに関する懸念が浮上した。F社がB社の調達先農家を1軒ずつ調査したところ，ある農家で児童労働が行われていることが発覚したのである。F社社内では「デューデリジェンスの段階でなぜ気づかなかったのか」，「外部アドバイザーを入れていたにもかかわらず，このような事態がなぜ発生したのか」と批判が高まった。しかし，いくら批判してもすでに後の祭りであり，B社は，当該農家からの調達を停止せざるを得なかった。

　当該農家はB社にとって主要な調達先であり，調達を停止したことで取扱量が減少，売上も減少した。さらに，輸送の効率性が低下したことで，スケールメリットを活かせなくなり，利益率も大幅に悪化した。そのうえ，人権に反する行為を続けるB社に投資をしていることに対して，F社の外部のステークホルダーからの反発も生じた。最終的に，F社はB社の株式を売却する決断を下した。

（※）この事例はフィクションであり，上記企業は実在しない

1 ESG経営の重要性が増している背景とは

(1) ESG・SDGs・CSRの関係

いまやビジネスの継続においてESGは欠かせない要素になった。ESGは「環境（Environment）」，「社会（Social）」，「ガバナンス（Governance）」の頭文字をとった言葉である。類似した用語として，SDGs（Sustainable Development Goals，持続可能な開発目標）やCSR（Corporate Social Responsibility，企業の社会的責任）があり，それぞれの関係性を**図表8-1**にまとめた。

図表8-1 企業を取り巻く社会的責任

（出所：デロイト トーマツ ファイナンシャルアドバイザリー合同会社作成）

(2) 営利企業の社会的貢献を説く考えは昔から存在

営利企業にも社会的な貢献を説く考えは，昔から存在している。代表的な例が近江商人の「三方よし」である。ビジネスを通じて，売り手はもちろんのこと，買い手も，そして社会全体もが満たされた状態になるという理念を表した言葉である。CSRも，その起源は1956年の経済同友会のCSR決議とされており，2003年にはCSRに関する法律が制定されている。

また，2011年にはマイケル・ポーターとマーク・クラマーが「Creating Shared Value」を公表し，共有価値の創造という新たな視点を提供している。さらに，SDGsは2015年の国連サミットで採択され，2030年までに持続可能な

より良い世界を目指すという国際目標である。

　昨今，ESGの重要性が増している背景には，企業が対応せざるを得ない環境が作り出されているからである。具体的には，投資家がESGを投資判断の1つの基準として採用し始めたことから，ESG対応をしていない企業は株式市場で低評価を受ける傾向にある。CO_2排出量と株価の相関性に関する研究も多く，環境負荷の小さい企業（CO_2排出量が少ない企業）は株価が高い傾向にあるという分析結果も存在する。

　銀行が融資を行う際の審査項目にESGを含めるケースが出てきている。このほかにも，下流のメーカーが上流のサプライヤーに対してESG対応を求める事例もある。このように，企業もESG対応を避けられない環境が形成されつつある。

2 ┃ M&AへのESG実装

(1) M&AへのESG実装は「言うは易く，行うは難し」

　このような潮流を受けてM&Aの際にもESGを考慮することは間違いなく必要なことである。しかし，「言うは易く，行うは難し」である。

　特に，買収対象企業のESG対応であれば，一定程度調査可能ではあるが，その先のサプライヤーがESG関連で問題を起こしている場合，それに気づくのは容易ではない。時間的余裕があればまだしも，M&Aは非常にタイトなスケジュールで進行するため，調査の範囲にはおのずと限界がある。それでも，可能な限り最善を尽くすことが肝要である。

　なお，買収対象企業の業種によっては，フェアトレード認証を取得しているか否かを投資判断基準に加えるという選択肢もありうる。それは自社のESG対応という側面だけではなく，フェアトレード認証の普及が促進され，結果として社会の厚生に寄与することにつながるかもしれない。

(2) 環境・社会貢献という新たなM&Aのパターンが登場している

　新たな潮流として，SROI（Social Return on Investment，社会的投資収益率）という社会的価値を定量的に評価する指標が登場している。また，ESGスコアを用いた第三者機関による評価も普及しており，財務業績に比べこれまで評価が難

しかったESG対応についても，定量的な測定・評価の土台が整いつつある。手前味噌ではあるが，デロイトトーマツグループはFC今治のソーシャルインパクトパートナーであり，SROIについても可視化を行っている。

　新たなM&Aのパターンとしては，スポーツチームへの投資や環境負荷の低減に寄与するような投資がある。こうした投資は，その事業の運営によって稼得される利益だけではなく，企業の認知度やブランド力の向上という間接的なベネフィットを生む。さらに，地域社会への貢献という形で，社会的な価値も生み出している。

3 ┃ 思考プロセスの転換～トレードオフ思考からの脱却～

⑴　ESGと業績はトレードオフの関係なのか

　ESGの実装には，従来の考え方とは異なるアプローチが必要である。ESG対応はコストがかかるため，業績（利益）とトレードオフの関係性があるとの思考（**図表8-2**）が根強く存在する。ESG対応にそれなりにコストがかかるのは事実ではあるが，発想の転換により新しい戦略が生まれる可能性がある。戦略策定におけるアイディア創造については，**第13章**で詳述する。

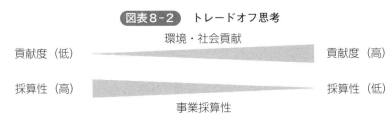

図表8-2　トレードオフ思考

環境・社会貢献

貢献度（低）　　　　　　　　　　　　　　　　　　　　貢献度（高）

採算性（高）　　　　　　　　　　　　　　　　　　　　採算性（低）

事業採算性

（出所：デロイト トーマツ ファイナンシャルアドバイザリー合同会社作成）

　たとえば，消費財メーカーの中には，環境対応をアピールし，それによって企業や商品のブランドイメージの向上につなげている企業もある。消費者の傾向も変わりつつあり，環境負荷が少ない商品を選ぶ人々が増えている。このような背景から，ESG対応をコストとしてネガティブに捉えるのではなく，新たな経済的価値の源泉としてポジティブに認識し直すべきである。

図表8-3　トレードオフ思考からの脱却

環境・社会貢献度

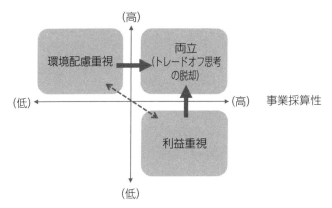

(出所：デロイト トーマツ ファイナンシャルアドバイザリー合同会社作成)

(2)　ESG関連リスクがある場合，ESGデューデリジェンスの実施も検討

　ESGへの配慮を深めても，投資する前にすべてのリスクを把握することは容易ではない。近年では，ESGに関するデューデリジェンスも行われるようになってきているため，買収対象企業の事業の性質に応じて，ESGに関するリスクが懸念される場合には，デューデリジェンスの実施を検討すべきである。デューデリジェンスに際しては，ESGの対象範囲は非常に広く，時間的な制約もあるため，特にリスクが高いとされる分野を重点的に調査するとよい。

(3)　自社のESG配慮がM&A推進上の重要な論点に？

　買収対象企業にESGに関する懸念がないかどうかを精査することは当然であるが，買い手側のESG配慮がM&Aの成否に影響を与えることも意識すべきである。環境，社会，ガバナンスという観点で優れた取組みを行う企業は，良い印象を得られる。従業員の労働環境への配慮も必須である。イメージが悪ければ，買収対象企業からの協力を得ることが難しくなり，労働組合からの反発も高まる可能性がある。

　このような観点から，自社のESG配慮はM&A戦略においても重要な論点となる。

第9章 失敗パターン⑦：驕りから強引な戦略を策定

Summary

　M&Aの買い手に驕りがあるケースが散見される。お金を出すから，支配権があるから等の理由で，立場が上であると勘違いしているのだ。こういった驕りによりM&A推進に支障が出ないように，買い手も売り手も対等だと考え方を改める。意識を変えることは難しいが，配慮ある行動を心がけたい。

―M&Aには反発が付き物であり，慎重に計画を立てる

　自社が競合他社に買収されることを大歓迎できる方は少ないだろう。株主，従業員，取引先の心理的な反発に加え，買収対象企業が自らの利益にならないと判断すれば，何かしらのアクションを起こされることもある。強引にならないように，反発も想定した慎重なプランニングが必要である。

―シナジー実現には買収対象企業の協力が不可欠

　シナジーを実現するためには，自社努力だけでなく買収対象企業の協力も必要である。時に反発につながりかねない痛みの伴う施策も必要になるが，買ったほうが立場が上である，親会社に従うべきであるという驕りが見えると買収対象企業からの真の協力は得られず，シナジー実現に悪影響が出る。

―融和には時間がかかる前提で戦略を立てる

　企業同士の融和を進めるには時間を要する。買い手のやり方を押し付けてもうまくいかない。真の融和を目指すのであれば，1,000日プランのような気持ちで挑む必要がある。

―驕りを防ぐために社外取締役や外部アドバイザーの活用も重要

　経営者が驕り，強引に買収を進めようとする際に，それを諌め，止められるビジネスパーソンはどれほどいるだろうか。そのような局面では，社内の利害関係から自由な社外取締役や外部アドバイザーを重宝すべきである。

事例7　ECサイト運営会社（G社）のネット旅行代理店業への進出

1　事例概要

　G社はECサイトを運営しており，EC市場で大きなシェアを占めている。売上は直近3年間で5倍に成長している。G社は，好調なECサイト事業から得た収益を背景に，追加投資も積極的に進めている。余剰資金も豊富に抱えていた。

　当面は既存事業のみでも成長が維持できる見通しであるが，中長期的には難しいと考えており，新たな成長の種として新規事業領域への進出を模索していた。そこで，自社サイトからの収益を拡大すべく，ネット旅行代理店業に目を付け，準大手のネット旅行代理店の買収を画策した。

　G社の社長は，ワンマン社長として事業を成長させてきており，当M&Aも社長の指揮下で進められた。

2　買収に至った背景

　G社は独自のECサイトを構築しており，登録ユーザーは業界の中でも多く，ユーザーとの接点が豊富であった。そのため，このECサイトから直接ネット旅行代理店のサイトへ送客する仕組みを設けることで，収益を拡大させることができると見込んでいた。

　ユーザーの多さから人気媒体とみなされ，ネット旅行代理店を運営する買収対象企業A社も乗り気であり，買収の話は難なくまとまった。

3　買収後の経緯

　G社の社長は，自身が信頼を置く自社の役員を数名程度，A社の経営陣に据えた。同時に，自社の事業スタイルを対象企業に浸透させるべく，G社の社員をA社に転籍させるなど，G社の企業文化の浸透を図った。ただ，G社の社員には，自社のECサイトからA社のネット旅行代理店に顧客を送客して"あげている"と，自社のほうが立場が上であるかのような振る舞いがみられた。

　また，経営方針の急激な変化によりA社内に混乱が生じ，すれ違いやコミュニケーションの齟齬が多発していた。

　買収から1年が経過した頃には，A社の離職者は増加し，中でも宿泊施設に太いパイプを持つ人材の退職により，ホテルや旅館等との関係が薄れてしまった。その結果，想定していたシナジーは実現できず，ネット旅行代理店の収入を伸ばすどころか減少することになり，結果としてG社は撤退を判断した。

（※）この事例はフィクションであり，上記企業は実在しない

1 ▎買収対象企業の協力が不可欠

　お金の出し手のほうが立場が上であるという「驕り」があると，買収対象企業からの協力は得られない。経営権を取得するため，意思決定上では優位に立つかもしれないが，驕りはその意思決定にとっても悪影響しかない。「M&Aの目的は何か」と原点に立ち返れば，お互いの事業を掛け合わせることで，シナジーを発揮し，1＋1を3や4に発展させることを目指すわけであるから，お互いの信頼，協力関係が第一であって，驕りは厳に慎まねばならない。しかし，現実問題としてM&Aの現場において，買収側の驕りに起因する問題がしばしば散見される。

　「シナジー」とは，買収側と買収対象企業の相乗効果で利益を生み出すものであるから，買収対象企業の協力が得られないと実現が難しい。買収対象企業に「やらせる」という発想があるなら，それは改めたほうがよい。自社の会議で，そのような「上から目線」の発言が出るようになっていたら要注意である。当たり前のことであるが，急に親会社になった企業の社員が上から目線で接してきたらどうだろうか。良い気分だと感じる人はいないだろう。買収対象企業の協力なしでM&Aを成功に導くことは難しいと，肝に銘じるべきである。

　なお，驕るなということは，買収対象企業の要望をすべて受け入れる必要があると言っているわけではないことも付記しておきたい。

2 ▎経営者だけでなく，現場の意識にも要注意

(1)　自社の成功体験への誇りが驕りに

　現場の社員は，自社の事業に誇りをもって働いている。成功体験が多い社員であればなおさらである。それは非常に良いことである。ただ，この誇りが，他社の製品や技術に対する批判的な見方につながっている例も一定数存在する。自社の製品や技術に自信を持つあまり，他社の製品や技術を軽んじてしまう例である。買収側と買収対象企業の現場同士がこのように相手先の製品や技術を軽んじてしまえば，両社の統合は一筋縄ではいかない。

　こうした誇りの驕りへの転化に対して経営者がトップダウンで修正を求めた

としても，意識を変えるのは非常に難しい。このような場合は，失敗から学んでいくというプロセスも重要となる。失敗の経験を踏まえて，徐々に考えをアジャストしていくプロセスも，M&Aを結果として成功させる1つの重要な要素である。

(2)　「買う」という言葉は極力避ける

「買う」という言葉を使うと，どうしてもお金の出し手という意識が芽生えてしまう。買収対象企業とのコミュニケーションの際には，相手の心証を悪くするケースもある。気を付けていても意識が言葉や行動に表れてしまうため，戦略の検討や文書化の際にも留意することが求められる。

本書の執筆にあたって，買収を成功させている企業のM&A責任者にインタビューで話を聞いていると，「グループに加わっていただく」という意識を強く持たれているようだった。買収対象企業あってのM&Aであることを忘れてはいけない。

(3)　「社長案件」の場合には，社長自身が方針を示す

M&Aが社長の意思のもとで進められているのであれば，買収方針や買収対象企業へのメッセージは，社長が大枠を示す必要がある。「社長案件」の場合には，現場は何が何でも実施するというマインドになっているケースが多い。当人である社長自身は意図していなかったとしても，現場は忖度も含めて若干無理な形でもM&Aを成し遂げようと動くものである。驕りとは異なるものであるが，強引な進め方で買収対象企業との軋轢を生まないように配慮すべきである。

3 ┃ 社外取締役やアドバイザーの意見も参考にする

第3章「戦略なき前進」でも言及したとおり，様々な知見を有する社外取締役やM&Aの経験が豊富な外部アドバイザーに意見を聞くことも検討すべきである。自社社員では気づかなかった「驕り」や社長への忖度などにより，非合理的な戦略を立てていないかを確認することができる。社外取締役からは客観

的な視点で株主価値の向上に資するかどうかに関する意見を聞くことができ，外部アドバイザーからは様々な企業のM&A戦略や実務に関与した経験を踏まえ，第三者として客観的な意見を得ることができるだろう。

4 ▌買収対象企業にとってのメリット

　戦略を考える際は，自社のメリットだけを検討するのではなく，買収対象企業にとってのメリットについても十分に検討しておく。ターゲット・スクリーニングである程度の買収対象企業に目星がついた段階で，相手目線でのM&Aの意義を考えておくべきである。買収対象企業に何らかのメリットをもたらす買収でなければ，協力を得ることは容易ではない。

　相手の目線に立つという観点から考えると，シナジーの実現可能性を検討する際にも，相手の対応余力を考慮しなければならない。小規模な企業では，既存事業で手一杯で，シナジーの実現に向けてリソースを割けないことがある。そのような状況で負担を強いて，買収対象企業の本業にネガティブな影響が出るのは本末転倒である。

(1)　融和には時間がかかるということを念頭に進める

　買い手のやり方を買収対象企業に押し付けようとしても，そう簡単にはいかない。買収対象企業からすれば，M&Aによってこれまでのやり方の変更が強制されるとなると，心理的な抵抗は大きい。さらに，新しいやり方に馴染むのにも時間を要する。したがって，Day300で短期で終わらせようとするのではなく，短期的に解決できる問題と中長期的に取り組む問題とに分けて，段階的に取り組んでいくのが望ましい。

着想コラム⑦　事業承継としてのM&A

　日本では少子高齢化，後継者不足が深刻化し，事業承継が社会的な課題になっている。日本だけではなく，他国でも同様の課題がみられる。たとえば，東南アジアでは，タイも少子高齢化が進行中である。

　後継者がいない場合に，M&Aはその有効な対応策となりうる。他の企業に売却して，売却先企業の下で事業を承継させていくのである。事業承継の１つの意義は，その企業で培われた技術や知識を継承する点にある。

　特に，日本のものづくりにおいては，町工場（中小企業）に大企業をしのぐ，世界に誇るべき職人技が存在する。こうした職人技や知識，経験は，次世代にも継承されるべきものである。技術や知識のデジタル化，AIの活用などの取組みも推進されているが，真の職人の域に達するには，まだ時間を要するものと思われる。

　かつては，社長は一国一城の主，社員は家族であり，「売国」という言葉の語感どおり，会社を売ることに対して抵抗感を持たれることも多かった。M&Aと聞くと，海外のファンド等による敵対的買収のイメージが強く，社員を裏切る行為とみなされることもあった。過去，ファンドが「ハゲタカ」として描かれたこともあり，M&Aに対して負のイメージを形成した一因となったかもしれない。

　現在も，会社への強い愛着から手放したくないと考える人は多いものの，M&Aに対する抵抗感は少しずつ薄れてきている。M&Aが一般的に行われるようになり，事業承継の手段としてM&Aを活用する企業が増えていることから，さらにその心理的な抵抗が減少していると考えられる。

　買い手側からみれば，良い企業をみつけてM&Aを積極的に実行したいが，事業承継で悩む優良な中小企業を探し出すのはそう簡単ではない。中小企業は，公開されている情報が限られているため，その実態を外部から把握することは難しく，M&Aの対象として適切かどうかの判断も困難である。

　このような場合には，地域金融機関の活用が有効である。中小企業は，地域金融機関との関係が深いため，そのつながりを通じて，対象となりうる企業を探すことができる。さらに，事業承継を専門とする仲介会社や，M&Aのマッチングサイトなどを利用するのも有効である。事業承継におけるM&Aの活用が一般的になり，売り手と買い手のミスマッチが減少することを期待したい。

第10章 失敗パターン⑧：撤退戦略を見誤る

Summary

　「撤退は必ずしも失敗ではない」と認識すべきである。撤退は，社内外のステークホルダーから失敗とみなされがちだが，M&Aを単なる取引として考え，ポートフォリオ戦略の一環として捉えていないことが原因である。

―M&A戦略で撤退シナリオを描く

　撤退シナリオを事前に描くことは，決して撤退を前提でM&Aを行うことを意味しない。むしろ，どのような条件下で撤退を検討するかを事前に決めておくことは重要である。この条件には，定量的な指標だけではなく，定性的な指標も含まれる。事前に撤退シナリオが必要になるのは，買収後には買収対象企業との関係が深まり，感情的な要素が撤退判断に影響を及ぼしてしまうからである。また，自社のポートフォリオ戦略を明確にしておくことで，その方向性に沿った売却が行われる場合，社内外からの批判を軽減できる。

―撤退でもトリプルウィン（Win-Win-Win）は実現可能

　自社が買収対象企業との間でシナジーを発揮できなかった場合でも，他社に売却することでシナジーが生まれる場合もある。この場合，自社，買収対象企業，そして売却先の企業の3社が満足する形での撤退が実現可能となる。

―早とちり／手遅れは避ける

　戦略の実現には数年を要することも多い。1，2年をみて計画どおりに進展していなくても，前向きな動きがあれば根気強く取り組むべきである。機械的なモニタリングで撤退判断を下すのではなく，買収前に設定した戦略の進捗など定性的な要素を考慮して総合的に判断する必要がある。また，撤退のタイミングの見極めも重要となる。特に業界自体の雲行きが怪しい場合には，買い手候補があるうちに検討すべきである。意思決定が遅れ状況が悪化すると，売却も困難になる可能性が高まる。

| 事例8 | 食品加工企業（H社）のネットスーパー事業の撤退 |

1　事例概要

　H社は，主に畜産加工品，水産加工食品の製造販売業を営んでいた。市場は飽和状態にあり，国内市場の停滞により減収減益の状況が数年続いていた。H社の主要取引先は総合スーパーマーケットやコンビニエンスストアであり，H社の売上はこれらの取引先の業績に大きく左右される状態にあった。

　こうした背景から，H社は自社の販売網を確保するため，3年前にネットスーパーを展開するA社を買収した。A社のプラットフォームは単一のスーパーだけでなく，複数のスーパーから食料品等を注文できる仕組みを有している。H社は，自社製品の質がよければ，このネットスーパーを通じて減収減益の状況を改善できると考えていた。

2　撤退に至った背景

　大手ECプラットフォームが食品の取扱いに力を入れ，顧客の囲い込みを強化していることから，A社の売上は減少傾向にある。さらに，COVID-19の影響で外出が控えられるようになり，ネットスーパーへの新規参入が相次いだ。A社も顧客の囲い込みを図ろうと，様々な販促活動を展開したが，徐々に市場シェアを落としていった。

　H社は業績のモニタリングを行っており，このような厳しい状況を把握していた。一方で，シェアを落としたとはいえ，A社のプラットフォームを通じた商品販売も続けられているため，A社から撤退すると販売先を失うという懸念から判断を下せずにいた。

　2期連続で減収減益を記録し，営業利益も赤字となったことから，H社もついに撤退を検討する段階に至った。しかし，「時すでに遅し」であり，他社もネットスーパー事業から撤退を始めているような状況で，良い条件の売却候補は見つからなかった。

　そのような中，事業再生に強みを持つファンドがネットスーパー事業の取得に積極的な反応を示し，交渉が始まった。売却価格は買収時と比較すると非常に低く，H社が買収した際の5分の1ほどの金額での交渉となった。H社の経営層は，この機会を逃すと今後売却は不可能になるとも判断し，最終的にファンドに事業を譲渡することとなった。

3　撤退後の経緯

　A社は売却後に事業の見直しを実施し，改善策を実施した。すべての地域で赤字を出していたわけではなく，黒字の地域も存在していた。ファンドは事業の現状を整理し，改善策を検討して実行に移した結果，事業規模は縮小したものの，黒字化を達成することができた。

　また，ネットスーパー事業だけでは，今後の成長ポテンシャルが限定的であったため，A社はB社と事業提携を通じて冷凍宅配食のサービスへと事業を拡大した。既存のデリバリー体制と顧客網の活用が可能となり，事業拡大が成し遂げられた。

（※）この事例はフィクションであり，上記企業は実在しない

1 ┃ 買収するだけがM&A戦略ではない

　M&A（Merger and Acquisition）とは，名前からも明らかなように，合併と買収を意味する。一方，M&A戦略上，事業ポートフォリオの入替えや事業の「選択と集中」を検討するうえでは，売却も重要な選択肢になる。事業全体のバランスを総合的に考慮してM&A戦略を策定し，買収や売却といったカードを切るのだ。

　高い売却価格がつくうちに売っておくのも重要なポイントになってくる。売却を検討する際には，財務状況が厳しいからという理由だけでなく，自社の中長期的な戦略上，核となる事業なのかを慎重に判断する。ノンコア事業であれば，一定の利益をあげるなど撤退基準には抵触していない事業でも売却し，その売却によって得られた資金を新たな買収に振り分けて，全社的な収益性を高めていくという選択肢もありうる。

　設立当初から自社の成長を牽引してきた祖業を売却する場合もある。多くの企業が，「選択と集中」の原則に基づき，事業ポートフォリオを組み替えており，祖業も含めて大胆に事業の見直しを行っている企業も少なくない。

2 ┃ 戦略的撤退には多くの障壁がある

(1)　戦略的撤退に立ちはだかる障壁

　撤退や売却を検討する際には多くの障壁が存在しており，買収を検討する場合よりも難易度が高いといえるだろう。それは，該当する事業の関係者から強い反発を受ける可能性があるからである。関与する事業が不要（かもしれない）とみなされているわけであるから，当然の反応といえる。

　しかし，自社の事業ポートフォリオの中で，たまたまシナジーが生み出せない状況に陥っている可能性もあり，実際に売却後に成功する事例も存在する。事業ポートフォリオ戦略を意識し，各ステークホルダーにも理解してもらうことが肝要である。

(2)　モニタリング体制の構築とそれを機能させる仕組みづくり

　投資先への思い入れはPMIを推進していくためには重要な要素である。しかし，あまりにも思い入れが強すぎて客観的な判断が妨げられる場合もある。

　このような状況を避ける方法としては，事業部とは別部門でモニタリングを行うことが考えられる。M&A戦略を検討する中で，買収後にどのような体制でモニタリングをしていくのか，どのような状況が生じたら撤退を検討するのか，どのようなメンバーで判断するのかといった仕組み面も議論しておきたい。

3 ┃ 撤退事例から学ぶべきポイント

　実際のビジネスの現場において，撤退判断は容易なものではない。長期的な投資が実を結ぶ場合もあれば，撤退判断が遅れて泥沼化する場合もある。ケースバイケースで判断するしかないが，何度も繰り返すように，そのM&Aの戦略的意義，撤退した場合（売却資金を新たな投資に振り向けた場合も含む）としなかった場合の比較衡量，中長期的にシナジーが発揮される可能性等の多角的な見地から総合的に考慮する必要がある。

(1)　撤退する勇気とパワーも不可欠

　買収対象企業に対するデューデリジェンスや契約交渉の過程で，当初の目的や条件の達成が困難となる場合には，買収前に撤退判断を下すべきである。失敗する企業のほとんどは，こうした適切な撤退判断ができていない（**図表10-1**）。M&Aで達成すべき目的，買収対象企業に求める条件，それを達成するために許容される投資額等を事前に明確にしておくことが重要である。

　撤退を判断して，実行に移すためには「勇気」と「パワー」が必要である。「パワー」とは，権力と労力の両方を指す。プレM&Aの段階ですでに多くの時間とリソースが投じられ，買収対象企業との関係性も一定程度構築されている。そのような中での撤退判断は，これまでの努力が無駄になるわけであるから，「勇気」が必要である。撤退の実行に際しては，社内はもちろんのこと，買収対象企業との調整が不可欠となる。そのためには，相応の権限を有する経営者やM&Aの意思決定者自らが，労苦をいとわず，撤退を実行していく必要がある。

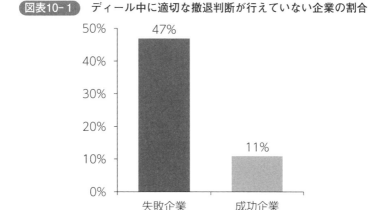

図表10-1　ディール中に適切な撤退判断が行えていない企業の割合

（データソース：デロイト トーマツ コンサルティング合同会社「日本企業の海外M&Aに関する意識・実態調査（2017年）」）

(2)　成功企業では経営陣が撤退をトップダウンで判断

　撤退はトップダウンで判断すべきである。日本企業に限った話ではないが，

トップであるCEOが前向きに検討しているM&Aを止められるビジネスパーソンは多くはない。そのため，撤退判断も経営陣が主導するのが望ましい。

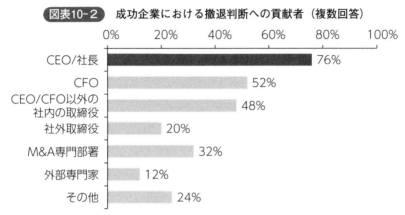

図表10-2　成功企業における撤退判断への貢献者（複数回答）

(データソース：デロイト トーマツ コンサルティング合同会社「日本企業の海外M&Aに関する意識・実態調査（2017年）」)

⑶　同じ轍を踏まないための仕組みづくり

　「同じ轍を踏まない」ことは，どのような事業活動においても重要である。M&A専門組織を有する企業の場合，「過去のM&A経験から知見がマニュアル化されており，案件の都度活用している」企業は35％程度存在するが，専門組織を設定していない企業の場合はわずか９％である（**図表10-3**）。M&Aは，業界や買収対象企業，自社，それぞれの状況に応じて多様なパターンがあり，１つの事例ですべてが理解できるということはないが，それでも過去の失敗から学べることは十分にある。そのため，失敗から学び，改善するための仕組みや，担当者が変わっても過去の経験や知見が引き継がれるような仕組みを構築することが重要となる。

　たとえば，M&Aを実施した後には，必ず振り返りを実施する。失敗を責めるのではなく，その原因を特定し，防止策についても認識を共有しておくべきである。マニュアルだけでは伝えきれない留意点もあるため，社内でのM&A担当者同士の学びの場は不可欠である。関与するすべての案件を成功に導くことは難しい。たとえ，どれか１つの案件であっても，すべての面で成功だとい

えるほどの成果を残すことも難しい。しかし，大小問わず，過去のそれらの失敗を，将来のM&Aに活かすという心構えが必要である。実際に，振り返りなどの社内共有が奏功して，成功につながったという事例も存在する。

　また，M&Aに関する研修を実施している企業もあり，これは非常に良い取組みである。M&Aに関する基本的な知識や失敗に至る原因などのリテラシーが社内で高まれば，誤った方向に進む抑止にもつながる（良い方向であれば推進力にもなる）。

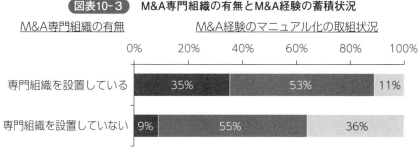

図表10-3　M&A専門組織の有無とM&A経験の蓄積状況

M&A専門組織の有無　　　　M&A経験のマニュアル化の取組状況

専門組織を設置している：過去のM&A経験から知見がマニュアル化されており，案件の都度活用している 35%／知見の収集やマニュアル化の取組みは行っているものの，十分に活用されていない 53%／M&Aの知見が属人的になっておりマニュアル化していない 11%

専門組織を設置していない：9%／55%／36%

■ 過去のM&A経験から知見がマニュアル化されており，案件の都度活用している
■ 知見の収集やマニュアル化の取組みは行っているものの，十分に活用されていない
▨ M&Aの知見が属人的になっておりマニュアル化していない

（データソース：デロイト トーマツ コンサルティング合同会社「日本企業の海外M&Aに関する意識・実態調査（2017年）」）

(4)　シナジーのモニタリングが不十分で撤退判断が遅れることも

　シナジーがどの程度実現しているのか，今後どの程度実現できる見通しなのかという状況のモニタリングができておらず，撤退判断が遅れるケースがある。状況観察が不十分になる原因は多岐にわたるが，まずはマイルストーンやアクションプランが明確に設定できていないことが挙げられるだろう。また，モニタリングの仕組みがないとか，あったとしても機能不全に陥ったりしていることも考えられる。さらに，それらの原因を掘り下げると，そもそもモニタリングの重要性が理解されていないとか，実際にモニタリングできる人材が不足しているといった根本的な問題が潜んでいる（図表10-4）。

　また，数字での定量的なモニタリングだけではなく，アクションプランに

沿って実行されているのか，それによってシナジーが実現できているのかの定性的な評価も行うべきである。単に，業績がよかっただけでシナジーが実現していると錯覚してはならない。

図表10-4 「撤退戦略を見誤る」のRCA

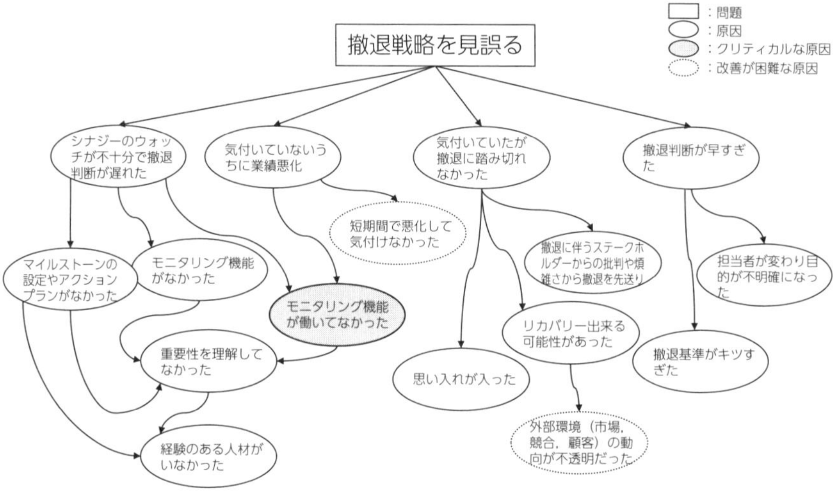

（出所：デロイト トーマツ ファイナンシャルアドバイザリー合同会社作成）

💡 **着想コラム⑧　座礁資産への対応とM&A**

　昨今の社会情勢の変化に伴い，座礁資産として位置づけられる事業を抱える企業も出てきている。座礁資産とは，市場や社会環境の変化により価値が毀損し投資回収が困難になった資産を指す。SDGsに対する取組みが進む中で，特にCO_2排出量が多く，環境負荷が高い業界においては，事業が座礁資産化するリスクが高まっている。

　実際，国内外の企業では，環境負荷の高い事業を手放す動きがある。この背景には，環境問題に対する企業の社会的責任の高まりや，脱炭素・人権問題等に積極的に取り組む企業に対する「ESG投資」の増加などがある。

　ここで，視点を変えて，座礁資産の買い手に注目してみたい。上場企業が社会的要請に応じて環境負荷の高い事業等を売却する動きは理解できるものの，事業の売却を選択する際には，当然買い手企業の存在が必要になる。

　その買い手は誰なのかという点について，過去の売却事例では，未上場企業やアジアをはじめとする新興国の企業が多いようだ。これらの企業は，先進国の上場企業に比べると，投資家による厳しい監視の目にさらされておらず，環境負荷の高い事業でもその運営に支障をきたすことは少ない。座礁資産は，本来有している価値よりも，低い金額で買収可能なケースが多く，未上場企業にとっては魅力的な投資案件である。また，新興国の企業においても，技術獲得の観点からも価値のある投資と判断されるケースが存在する。

　深刻化する環境問題の解決に向けて，このような状況を手放しで喜ぶことはできない。一方で，現段階において，私たちの生活が化石燃料に支えられていることは否定できず，ここにジレンマがある。

　座礁資産化した事業については，対象事業を売却するしかないと思いがちである。しかし，環境負荷低減やCO_2回収などの新たな技術を有する企業を買収することで，事業の状況を改善することができる可能性がある。必ずしも八方塞がりというわけではない。

　企業の環境対策は多様であり，今後の新技術の開発やその活用を促すM&Aの実施などを通じて，環境負荷の低減だけではなく，日本企業の競争力強化が実現することを期待したい。

第11章 失敗パターン⑨：戦略を支えるM&A実施体制を軽視

Summary

　戦略の良さだけでなく，その実行体制も必要である。単に人材を揃えるのではなく，戦略を理解しPMIを実行する適切な人員配置が求められる。

―コミットメントを継続させる仕組みで推進を行う

　ディール中の担当者の交替や，ディールの主導者がPMIに短期間しか関与しないことにより，コミットメントが薄れる。M&Aの推進体制も戦略の一環として検討し，PMIを見据えてM&A戦略を策定する。PMIの過程で担当者が替わる場合でも，コミットメントを維持する仕組みの構築が重要である。

―トップマネジメントの関与が重要

　重要性が高いM&Aの際は，買収対象企業との会議に，買収側のトップマネジメントが出席すべきである。相手の立場からすれば，トップマネジメントの参加はその取引の本気度を示し，より協力的な態度を促す可能性がある。また，買収側の社員のモチベーションが引き出せる等の利点も考えられる。

―PMI担当者（事業部）の関与も「適切な」タイミングで行っていく

　PMIを見据えてM&A戦略／エグゼキューションの段階から事業部が関与するのが望ましいが，現業での忙しさ，M&Aの成功の不確実性，M&A戦略の実施能力の欠如等の理由で，最初から多くの人員を投入するのは非効率である。そうした諸要因を考慮して，一部の事業部メンバーをM&A戦略の策定に関与させつつ，「適切な」タイミングを見計らって人員を増やしていく。

―モニタリングの仕組み，体制作りも重要

　業績の良し悪しはモニタリングの主要な論点ではない。買収前に設定した目標の達成度を評価する。目標の達成度のモニタリングは事業部が実施し，業績は他部門が客観的な視点で評価するような体制も有用である。

事例9　マテハン機器製造企業（I社）による技術獲得のためのM&A

1　事例概要

I社は，生産・物流現場で用いられるマテリアル・ハンドリング機器の製造・販売を国内外で展開している。I社は顧客の要望に対応する組織的な強み・能力を有しており，市場シェアを拡大している。さらなる事業拡大を目指し，今後の成長領域として，自動運搬ロボット（AMR）に注目している。

I社は，経営方針としてグローバル展開強化によるシェア拡大を掲げており，欧米での事業拡大を検討していた。日本国内は市場が飽和状態で成長余地が見出せず，海外への更なる展開が喫緊の課題となっていた。

自動運搬ロボット市場には，大手の参入がある一方で，技術力を持つベンチャー企業も複数存在していた。I社は，この市場への参入について，市場ポテンシャルを分析するなど，参入検討を行った。自社の事業とのシナジーを考慮して，買収対象となる企業について事前調査を進めていた。

2　買収に至った背景

I社は対外的にも自動運搬ロボットを注力分野と位置づけていることを示しており，その活動が功を奏して，ブティック系のアドバイザーを通じて，ドイツの自動運搬ロボットベンチャー企業A社への出資の提案が持ちかけられた。

A社は，今後の事業拡大に向けて，資金を必要としており，また戦略的パートナーを求めていた。この点，I社は，経営方針や資金力の面で，A社の要望に合致していた。I社も自社の目指す方向性と合致しているということで，この案件を経営陣や経営企画部門のメンバーで主導して進めた。

I社は過半数を超えるマジョリティ出資を望んでいたが，A社の創業者はこれからも経営権を保持したまま事業を継続したいと考えていたため，出資比率に関する議論は平行線であった。結果として，I社はマイノリティ出資を受け入れ，出資を実行した。

I社の経営陣は，買収後の担当者として，ドイツでの駐在経験がある製品開発部の部長を指名し，シナジー創出やモニタリング業務等を一任した。

3　買収後の経緯

製品開発部の部長は自社事業の知見は豊富であったが，自動運搬ロボット事業について経験も知識も不足していた。シナジー創出について一任されてはいるも

のの，経営陣や経営企画部門からの詳細な説明もなく，どのように生み出していけばよいのかわからなかった。そのため，マイルストーンやアクションプランの設定もできなかった。

　また，この案件の交渉から契約，クロージングまでの一連の事務手続であるエグゼキューションは経営陣と経営企画部門が中心となって進めており，A社と製品開発部とはこれまであまり接点がなかったにもかかわらず，その引継ぎが不十分であった。

　A社から提出される財務諸表により事業状況のモニタリングを行い，本社に報告を行っていたが，それだけで戦略的パートナーとしての役割を果たしているとは言いがたい状況であった。その結果，A社の業績は想定していたものには届かなかった。

　ただ，I社は，買収が失敗であったとの批判を避けるため，A社の株式を保有し続けたものの，さらにA社の業績が悪化し，シナジーも依然として発揮できなかった。ついには部長が日本に帰任となり，最終的には，A社の株式を売却し，売却損を計上した。

（※）この事例はフィクションであり，上記企業は実在しない

1 ▌ 体制が不十分であると，戦略が宙に浮く

(1)　戦略を実行するのは人である

　I社の事例では，買収対象企業がドイツ企業ということで，ドイツに駐在経験のある者にPMIを任せた。しかし，その者は買収対象業界の知見に乏しく，適切な引継ぎも行われていなかったため，体制の構築が不十分であると言わざるをえない。

　戦略を実行するのは人である。適切な体制が整っていないとか，人を配置しても兼務で戦略の実行に十分な時間を割けないといった状態では，戦略は実行できない。戦略の中身，買収対象企業の事業内容，事業規模，展開地域等によって，必要とされる体制は異なる。しかし，一定規模以上のM&Aを推進しようとすると，それなりの人員が必要となる。人手が足りなければ，デューデリジェンスで得られた情報に基づいてシナジー仮説の検証を十分に行うことが

できず，PMIでシナジーの実現ができないことにつながる。このような状況に陥ると，M&Aの真の目的が失われ，M&A自体が目的化してしまう。

　またI社事例のように，PMIを事業部に任せきりにしてしまうのも良い体制とはいいがたい。戦略を実現するのであれば，見合った工数に対して，必要な人員を充てることが重要となる。ただ，現実問題としてPMIを任せられるような人材は本業においても中心的な役割を果たしていることが多い。特にクロスボーダー案件を任せられるともなれば，英語人材として重宝されていることが多く，PMIだけを専任で行うことが難しくなる。

　そこで，そのような場合には，外部のアドバイザーにPMIのサポートを依頼し，PMI担当者の負担を軽減することで，無理のない体制を整えることも有効である。

⑵　重要な案件にはトップマネジメントのコミットメントが求められる

　すべての会議に社長などのトップマネジメントが出席するのは難しいが，戦略上重要性の高いM&Aに関する会議，とりわけ買収対象企業のマネジメントが参加する会議には，買収側のトップマネジメントも出席するのが望ましい。これは，トップマネジメントの参加により，買収側の本気度が相手方にも，買収側の従業員にも伝わるからである。ただし，社長案件だから絶対に買収しなければいけないといったM&A自体の目的化は避ける必要がある。いずれにせよ，体制を形だけ作るのではなく，トップマネジメントがコミットすることにより，より実行力が増す。

⑶　ディール担当者からの引継ぎの重要性

　I社事例では，買収交渉や契約の一連の事務手続を担当した経営陣や経営企画部門（ディール担当者）がPMIに関与していないという問題があった。PMI体制を構築する際には，**図表11-1**の調査結果からもみてとれるように，このようなディール担当者からの十分な引継ぎが不可欠である。ディールの中では様々な交渉が行われており，交渉の経緯を知らなければ理解が難しいような合意を行っていることもある。こうした背景情報をPMI担当者に十分に引き継がずにPMIを進めるのは非効率であり，PMI担当者のモチベーションの低下にも

つながる。したがって，PMI担当者をM&A戦略策定段階から関与させるまたはM&A戦略策定担当者をPMIにも関与させるなど，適切な引継ぎが行われる体制を構築する必要がある。体制について画一的なルールはないが，担当者が変わるのであれば，適切に引継ぎを行い支障が出ないようする，もしくは引継ぎが難しい部分はディール担当者が責任をもって対応することが肝要である。

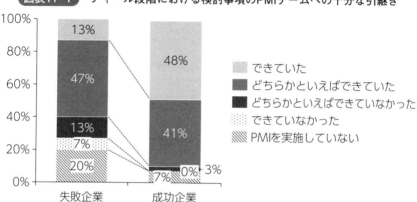

図表11-1　ディール段階における検討事項のPMIチームへの十分な引継ぎ

凡例：
- できていた
- どちらかといえばできていた
- どちらかといえばできていなかった
- できていなかった
- PMIを実施していない

(データソース：デロイト トーマツ コンサルティング合同会社「日本企業の海外M&Aに関する意識・実態調査 (2017年)」)

　成功企業の場合，ディール責任者がPMIに3年超関与する割合が多いという調査結果もあり（**図表11-2**），M&A戦略の立案時にどのような体制で戦略を実行すればよいのかまで検討しておくのが望ましい。

2 ┃ 社内体制の構築で気を付けるべきポイントとは

　担当者が頻繁に入れ替わり，責任の所在がわかりにくい体制は避けるべきである。担当者全員を固定する必要はないが，一貫したM&A戦略の立案・実行を確保する体制が求められる。上記のとおり，ディール担当者からPMI担当者への引継ぎはもちろんだが，担当者が異動になる都度，適切な引継ぎを行う。担当していたM&Aの留意点について，資料に記載できなかったことまでも漏れなく引き継ぐことが重要である。

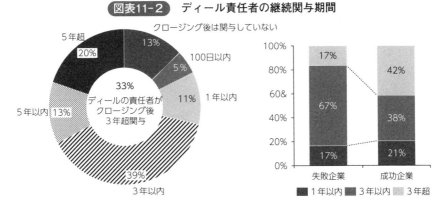

図表11-2　ディール責任者の継続関与期間

（データソース：デロイト トーマツ コンサルティング合同会社「日本企業の海外M&Aに関する意識・実態調査（2017年）」）

(1)　M&A戦略では成し遂げたいことのマイルストーンを決める

　締切があると動くというのは，人間の心理である。締切がないと先送りをしてしまう場合もある。したがって，マイルストーンやアクションプランの設定が必要である。また，その1つひとつの施策に対してどう期限を設けるのかが非常に重要になる。

　I社の事例では適切なマイルストーンやアクションプランが設定されていなかった。本来なら，M&A戦略の段階や買収プロセスの中で買収後のアクションプランの精緻化を行っていく必要があり，PMIが始まる前には準備をしておきたいところである。もちろん，PMIの状況に応じて適宜調整も必要になるため，ディール担当者とPMI担当者で役割分担して，適切な施策を考える。また，ディール担当者が一定期間PMIに関与する場合には，役割や責任を明確化し，PMI担当者との間で誤解や重複が生じないように注意を払う必要がある。

(2)　PMIは早く開始するほど良い

　PMIは，Post Merger Integrationの頭文字をとった言葉で，直訳すれば「合併後の統合」である。その語感から，買収後から開始するようなイメージを持たれがちであるが，M&A戦略策定時から検討しておくのが肝要である。LOI（Letter of Intent，意向表明書）やMOU（Memorandum Of Understanding，基本合意書）

締結後にデューデリジェンスを開始してバリュエーションや契約交渉を進めていくことになるが，いざディールが走り出すとそのタイトな時間軸の中でPMIの検討までを行うことは容易ではない。そのため，まだ相手先がいない状態で時間の融通が利くM&A戦略策定時に，仮の買収対象企業を想定して，PMIについて検討を行っておくのが望ましい。PMIの検討を開始した時期と期待した企業価値の実現度の関係を調査した結果が**図表11-3**である。デューデリジェンス開始以前にPMIの検討を開始している事例では，企業価値の実現度が高くなっている。

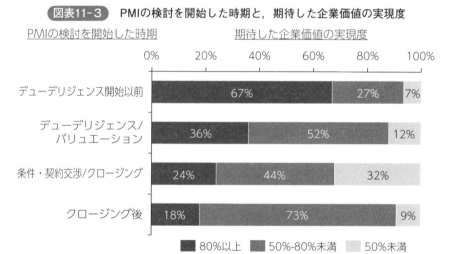

図表11-3　PMIの検討を開始した時期と，期待した企業価値の実現度

（データソース：デロイト トーマツ コンサルティング合同会社「日本企業の海外M&Aに関する意識・実態調査（2017年）」）

　さらに，M&A戦略に統合計画が含まれている場合，M&Aの成功率が向上するという調査結果もある（**図表11-4**）。M&A戦略に統合計画が含まれていることと，その戦略が構造的に文章化されていることが，M&Aの成功確率を高める要因になっている。

図表11-4　M&A戦略と成功確率増加率の関係性

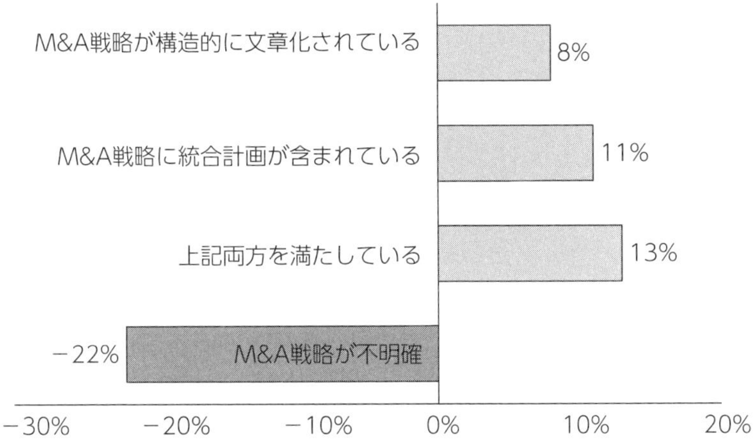

(データソース：Deloitte Consulting LLC. "Solving The Merger Mystery, Maximizing the Payoff of Mergers and Acquisitions")

(3)　M&Aに関するノウハウを蓄積させる

　社内でM&Aの経験を蓄積していくことが重要である。本書を執筆する中でM&A戦略の策定に関して実務家にインタビューをする多くの機会を得た。M&Aを成功に導いている実務家の共通点は，経験豊富で，M&Aに対する独自の見解を有していることであった。このことから，M&Aに対するノウハウの重要性を改めて実感したところである。

　ノウハウを向上させるためには，個人のスキルや知見なども考慮すべきだが，M&A専門部署の設置が1つの手段となる。ただ，M&A専門部署の権限を高めすぎて，M&A自体が目的化することは避けるべきである。事業部と経営企画部が連携し，経営戦略に資するM&Aなのかを対等に考えられるような仕組みを構築することが重要となる。

　M&A専門部署の設置は企業の状況によって判断する。頻繁にM&Aを行う企業の場合には専門部署を設置し，ナレッジを蓄積したほうが効率的である。一方で，あまりM&Aを実施しない企業の場合には，案件ごとにプロジェクトチームを組織したほうがよいだろう。

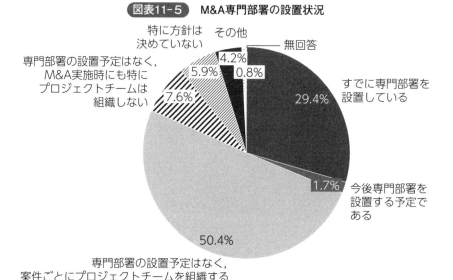

図表11-5　M&A専門部署の設置状況

特に方針は決めていない

その他　4.2%

無回答

専門部署の設置予定はなく，M&A実施時にも特にプロジェクトチームは組織しない　7.6%

5.9%

0.8%

すでに専門部署を設置している　29.4%

1.7%　今後専門部署を設置する予定である

50.4%

専門部署の設置予定はなく，案件ごとにプロジェクトチームを組織する

（データソース：森口毅彦（2017）『わが国企業におけるM&Aの成否評価とPMIの実態:アンケートによる実態調査研究にもとづいて』（富山大学，Working Paper No. 306））

⑷　社内政治や人間関係がM&A遂行に悪影響を与えないように考慮する

　企業内で部門間の対立があるケースは多い。部門間で力の差がないということはありえず，収益を稼いでいる部門など，声が大きな部門の意見が通りやすい。一方，低収益の部門等は意見が通りにくいだけではなく，評価面でも冷遇されることが多い。また，仕事の人間関係においても，たいていの場合，貸しがあったり，逆に借りがあったりするものである。そのようなものがビジネスの現場で影響することがある。このような社内政治や人間関係がうまく機能すればよいが，M&A戦略の立案・実行の障害となることもありうるため，そうした社内の人間模様にも配慮した体制作りが必要である。

3 ｜ 投資基準・モニタリング基準・撤退基準を決めておく

　I社の事例では撤退基準が設定されておらず，不要な投資が継続してしまった。早期に判断できていれば損失を軽減できたかもしれない。

　事業活動には，人間関係や思い入れ，損得勘定といったある種のバイアスがつきものである。昼夜問わず検討を進めたM&A案件ともなれば思い入れが強くなるのは当然で，買収価格が多少高くなったとしても押し切りたくなってしまうものである。そうした感情に流されないように投資基準，モニタリング基準や撤退基準が重要になる。一定の基準を下回る状況に陥った場合には必ず対策を講じるなど運用も徹底する。

　撤退判断は非常に難しい。モニタリングで業績の悪化が確認されたとしても，それが一時的なものか，今後回復する見込みがどの程度あるかを判断しなければならない。さらに，買収対象企業とすでに協業を始めているような場合，人間関係も構築されているので，割り切った判断を下すことは容易ではない。

💡 着想コラム⑨　M&A戦略における古典の活用

　戦略策定時には，軍事戦略に関する古典から多くの示唆を得ることができる。戦争で敵にどのように勝利するかを導くのが軍事戦略であり，市場で競合企業にどのように勝ち抜いていくのかを考える企業戦略と共通するものがある。もちろん企業活動においては，戦争とは異なり，競合企業に直接攻め込むわけではないし，まして相手を打ちのめさなければ勝利を掴めないというわけでもない。とはいえ，戦略を思考する際にヒントにはなる。

　古典の中でも最も知られているのが「孫子の兵法」だろう。孫子の兵法は軍事に関する書物ではあるが，経営戦略に活かせる部分が多分にある。ナポレオン，武田信玄といった歴史上の人物から，松下幸之助，マイクロソフトのビル・ゲイツ，ソフトバンクの孫正義といった過去から現代にいたる多くの偉大な経営者たちも孫子を参考にしてきたという。特に，孫氏は「孫の二乗の法則（兵法）」という，孫子の兵法と自らの経営哲学を組み合わせた独自の成功の法則を考案している。

　古典を学ぶ際には，初心者向けの入門書や解説書から手を付けたほうがよい。古典の原文はしばしば難解な部分があり，挫折する可能性が高い。

　孫子の兵法は，13篇からなる。冒頭の1〜3篇は，「計篇」「作戦篇」「謀攻篇」であり，戦を始める前の準備や心構えについて述べられている。続く4〜6篇の「形篇」「勢篇」「虚実篇」では，戦で勝つための態勢作り，残りの7〜13篇にお

いては，具体的な戦法を提示している。M&Aに置き換えると，M&Aを始める前の戦略策定の方法や考え方，M&Aを成功に導くために戦略が確実に実行される組織・仕組みの作り方やその留意点，そして具体的なM&A実務の進め方を解説しているといった構成である。

　孫子の兵法には数多くの名言があるが，中でも「百戦して百勝するは，善の善なるものにあらざるなり。戦わずして人の兵を屈するは，善の善なるものなり」は示唆深い。これは，百戦して百勝することではなく，戦わずして勝つことこそが最善であると説いたものである。むやみに戦うことは得策ではなく，戦わずに勝つ手段はないのか，戦う前にその必要性を熟考すべきなのである。つまり，孫子は「戦略なき前進」は愚策であると認識していたと解釈できる。戦もM&Aもそれ自体が目的と化してしまうことの危険性を説いていたのである。また，「善く戦う者は，人を致すも人に致されず」は，名将は敵軍を巧みに操り自身が操られることはないと主導権を取ることの重要性を説く言葉である。M&Aにおいては，持ち込み案件や仲介会社に対して受け身で対応していくことへの警告と解釈することができるのではないか。

　「善く戦う者は，勝ち易きに勝つ者なり」との言葉も有名である。戦上手とは勝ちやすい状況を自ら作り出して勝つ者を指すという意味であり，M&Aの文脈に当てはめれば，事前の情報収集と戦略策定により成功確率を可能な限り高めることの重要性を説く言葉と捉えることができる。相手が強大な軍事力を投下してくる「レッドオーシャン」での無謀な戦いに挑むのではなく，戦わずして勝てるまたは相手に対して常に数的有利を作り出せるような「ブルーオーシャン」での戦闘を推奨する言葉と読める。

　「彼を知りて己を知れば，百戦して殆うからず。彼を知らずして己を知れば，一勝一負す。彼を知らず己を知らざれば，戦うごとに必ず殆うし」。誰もが一度は耳にしたことがある一節である。味方だけでなく敵さえも熟知できていれば負けることはないが，敵を知らなければ勝負は五分，味方のことすら把握していないのであれば勝つ見込みはないとの意味である。この言葉から，自社と買収対象企業の両社に関する理解なくしては，統合や買収後の経営はうまくいかないことを学ぶことができる。

　孫子の兵法には，これらの言葉以外にも，多数の金言が記されており，M&A戦略を考える際にも参考にできるものがあるのではないだろうか。

PART III

M&A戦略策定の総括・実践

第12章 M&A戦略を機能させる

Summary

　ここまで失敗事例を考察してきたが，M&Aが失敗に至る1つの共通点として，M&A戦略が機能不全を起こしていることが挙げられる。各章でも部分的には解説を加えたが，本章では，M&A戦略を機能させるために必要なことを改めてまとめたい。

―M&A戦略は機能しないと，宝の持ち腐れになる

　戦略の内容以前に，戦略の機能しない根本的な原因を理解し解消しておくことがM&Aを成功に導くための第一歩である。戦略が機能しないのであれば，いかに良い戦略を作ったとしても宝の持ち腐れになるからである。

―平時に戦略を用意，社内の合意をとり，実行される仕組みを作る

　M&A戦略を機能させるためには，まず平時から用意しておくことが重要である。ひとたび交渉が始まれば，悠長に戦略を考えている余裕がなくなるためである。出来上がった戦略は関係者と合意しておくべきである。

　ただし，事前に合意できていたとしても，合意があるがゆえにM&A自体が目的化しては本末転倒である。そのため，M&A自体の目的化を防ぐために客観的な意見を得られるような仕組みの構築などの工夫も含めて，M&A戦略が確実に正しく実行されるための仕組みづくりを行う。

【M&A戦略を機能させるための要諦】
　①　平時からM&A戦略を準備しておく
　②　M&A戦略について，社内で合意をとっておく
　③　客観的な意見を得られる体制を構築する
　④　振り返りにより，暗黙知を引き継ぐ
　⑤　M&A自体を目的化させにくい目標設定にする

1 ┃ 戦略の機能不全にメスを入れるのが最優先

　ここまで失敗事例について考察してきたが，戦略の良し悪し以前の問題が数多くあることはおわかりいただけたであろう。本書の冒頭でM&A戦略の処方箋の1つとして「①M&A戦略の機能不全になっている原因を特定して解消する」とお伝えしたのは，そもそもM&A戦略が機能しないような状況が作り出されていることがM&Aを成功に導くための大きなボトルネックになっているためである。M&A戦略の機能不全をどのように防げばよいのかについて，本章でまとめを行っていく。その後，良い戦略をどのように策定すればよいのか，その具体的な方法について，次章で解説を行う。

図表12-1　M&A戦略の機能不全を防ぐための要諦

カテゴリー	概要
準備	①　平時からM&A戦略を準備しておく
合意	②　M&A戦略について，社内で合意をとっておく
仕組み	③　客観的な意見を得られる体制を構築する
	④　振り返りにより，暗黙知を引き継ぐ
	⑤　M&A自体を目的化させにくい目標設定にする

（出所：デロイト トーマツ ファイナンシャルアドバイザリー合同会社作成）

2 ┃ M&A戦略の機能不全を防ぐための要諦

(1)　平時からM&A戦略を準備しておく

　M&Aはディールに突入すると，戦略を考えながら進めていく時間的な余裕はなくなってくる。いかにM&Aを成立させるかという点に焦点が移り，原点に立ち戻ることができなくなる。

　また，持ち込み案件があった際には，自社だけに持ち込みが行われていると考えてはならない。自社に持ち込みが来たということは，他社にも持ち込みが行われていると考えたほうが無難である。売り手としては，数ある企業の中から買い手候補を探す必要があるので，1社のみに声がけをして待つというのは

非効率である。複数の企業が同じ案件を検討しているような状況で，戦略から
ゼロベースでなどと言っていると，他社に機会を奪われるのは目に見えている。

　そして，持ち込み案件は思いのほか多い。**図表12-2**は，海外M&Aについて，
どのようなきっかけで検討を開始したのかというアンケートの結果をまとめた
ものである。これをみると，外部専門家からの打診や買収先またはその株主か
らの打診というのが半数を占めている。持ち込みベースでの案件はこれだけ多
いということである。いつ持ち込みがあるのかは予測できないことから，やは
り平時からM&A戦略を準備しておくことが重要なポイントとなる。

図表12-2　海外M&Aの検討を開始したきっかけ

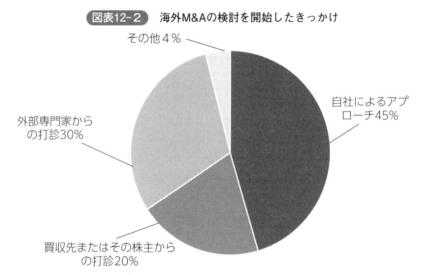

（データソース：経済産業省「我が国企業による海外M&A研究会報告書」にある「日本企業の海外M&Aに関する
意識・実態アンケート調査（2017年）」）

⑵　M&A戦略について，社内で合意をとっておく

　M&A戦略を策定したら，社内でもその方向性に間違いがないのかについて，
ある程度の合意をとっておくことが求められる。契約交渉などのエグゼキュー
ションの段階に入ると，関係者が増えてくるため，あらかじめM&Aに関わる
ことが想定される重要な人員には，「可能な範囲」で事前に内容を共有してお
く必要がある。後になって異論が出たり，社内調整で時間を使うことになった

りと，手戻りが生じてしまうことになると，本来検証しなければならないことに時間を使えなくなるおそれもある。ただし，M&A戦略は内容が非常に秘匿性の高い場合が多い。**第1章**でも解説したが，「Need to knowの原則」で重要な人員にとどめるのが望ましいが，合意をとる範囲については，ケースバイケースで判断をすることが求められる。

⑶　客観的な意見を得られる体制を構築する

　社内の権力者が暴走したときに止められる体制が必要であることは言うまでもない。無謀なM&Aの歯止めにもなりうる。

　体制といっても具体的にどうすればよいのか。1つ考えられるのは，社外取締役の活用である。社外取締役は一定の要件を満たす場合には設置が義務化されており，最近では導入している企業も多い。社外取締役の属性としては，経営経験者が最も多く，弁護士，公認会計士／税理士，金融機関，学者，官公庁，コンサルティングと続く（**図表12-3**）。

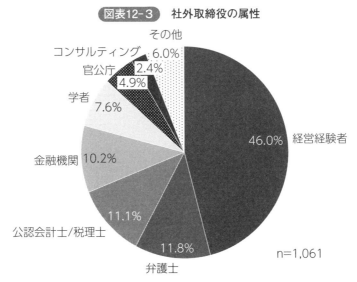

図表12-3　社外取締役の属性

その他　6.0%
コンサルティング　2.4%
官公庁　4.9%
学者　7.6%
金融機関　10.2%
公認会計士/税理士　11.1%
弁護士　11.8%
経営経験者　46.0%
n=1,061

（データソース：経済産業省『社外取締役の現状について（アンケート調査の結果概要）』（2020年5月13日））

　社外取締役の発言によって決議案件が再検討，修正されたことがある企業は

60%を超えており（**図表12-4**），社外取締役の影響力についてはこの数字から
もみてとれる。社内の人間だと部門間や上下関係等のしがらみもあり，自由な
発言が難しい局面もありうるが，社外取締役はそのようなしがらみが比較的少
なく，フラットな目線で発言ができると考えられる。また，社外取締役は，他
の企業の経営の経験やその他専門知見を有するという属性から，それらの経験
や知見に基づいた客観的な発言が期待できる。無謀と挑戦の区別は非常に難し
いものの，他社での経験や専門知識の観点から検討するのは有効な手段である。

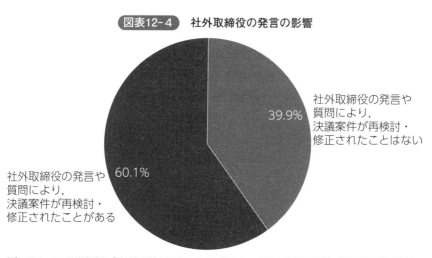

図表12-4 社外取締役の発言の影響

社外取締役の発言や
質問により，
決議案件が再検討・
修正されたことはない　39.9%

社外取締役の発言や　60.1%
質問により，
決議案件が再検討・
修正されたことがある

(データソース：経済産業省『社外取締役の現状について（アンケート調査の結果概要）』(2020年5月13日))

(4)　振り返りにより，暗黙知を引き継ぐ

　M&Aの失敗によって得られた経験は，マニュアル化や文章化さえすれば直
ちに社内の共有知になるというわけではない。文章にしにくいものや，そもそ
も文章に落とし込むことを躊躇うような内容もあるからである。過去の投資案
件の振り返りの場を設けて，こうすればもっと良くできた，気を付けるべきポ
イントは何であったか等を，関係者で深く討議し，共有することが重要である。
振り返りは主要な意思決定者の数名で実施するものや，ディール推進に関わっ
た実務メンバー間で実施するものなどがあるが，大きな会議体になりすぎない
ことがポイントである。大人数だと意見が言いにくいことや，社長や主要な役

員が出席する会議体では，実務メンバーが発言しづらい状況になることがある。

　この振り返りによる共有の中では「当時のＡさんの強い思い入れがあった。その結果，強気な価格で買収を実施せざるを得なかった」といったマニュアルには書けない“戦略を機能不全に陥れた”原因の特定やその帰結の確認も行う。過去の反省から学ぶという当たり前のことであるが，書籍やマニュアルではなかなか実感できない「暗黙知」を当事者が生々しい言葉で振り返り，引き継いでいくことが重要になってくる。同じ轍を踏まないために，無用な隠し立てをせず共有しなければならない（原因を作り出した人を責めるのではなく，反省から学び，今後に活かしていくことが目的であることを踏まえて，振り返りを進める必要がある）。

⑸　M&A自体を目的化させにくい目標設定にする

　M&Aの予算枠を決めることを否定するわけではないが，その予算枠のためにM&A自体が目的化しないように留意すべきである。M&Aに対する予算枠が設定されている場合，M&A専門部門の担当者にとっては，M&Aを実施せず予算を消化しないと，自分の評価にも何らかの影響があるのではないかと追い詰められてしまう可能性がある。これは個人の問題というよりも制度の問題である。「日本企業の海外M&Aに関する意識・実態調査（2017年）」によれば，M&A投資枠を予算化している企業については，失敗している企業のほうが多い（**図表12-5**）。投資枠を予算化するにしても，予算の消化を促すインセンティブを抑える仕組みづくりが重要になってくる。

　また，高すぎる成長目標を掲げることで，短期業績目的のM&Aを誘発することもありうるため，注意が必要である。これもM&A自体が目的化するケースである。当期の売上目標を他社を買収してでも達成するという目標達成への執念は感嘆すべきであるが，そのような目先の利益のためのM&Aは，リスクの検討，買収後の統合など，様々な点で問題が生じることが多く，中長期的な観点で企業価値の向上につながる見込みは少ない。

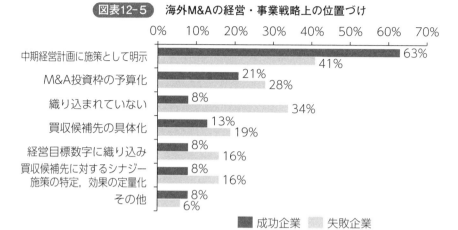

図表12-5　海外M&Aの経営・事業戦略上の位置づけ

- 中期経営計画に施策として明示：成功企業 63%／失敗企業 41%
- M&A投資枠の予算化：成功企業 21%／失敗企業 28%
- 織り込まれていない：成功企業 8%／失敗企業 34%
- 買収候補先の具体化：成功企業 13%／失敗企業 19%
- 経営目標数字に織り込み：成功企業 8%／失敗企業 16%
- 買収候補先に対するシナジー施策の特定，効果の定量化：成功企業 8%／失敗企業 16%
- その他：成功企業 8%／失敗企業 6%

■ 成功企業　■ 失敗企業

(データソース：デロイト トーマツ コンサルティング合同会社「日本企業の海外M&Aに関する意識・実態調査 (2017年)」)

3 ┃ 失敗事例とM&A戦略の処方箋の関係

　本章では，M&A戦略の機能不全を防ぐための処方箋について述べてきた。戦略の機能不全といっても，企業や案件によって状況は異なる。その状況に合わせて最適な対応を検討するべきである。本章で紹介した対応策は，多くの企業で有効であると考えているが，すべての場面で有効であるとは限らない。自社のM&A戦略が機能不全に陥った原因を掘り下げていくと，本書でカバーしきれていない特殊な事情が判明する場合もあるだろう。そのため，本書の内容についてはあくまでも参考にとどめ，自社にはどの対応策が最適解になるのかを臨機応変に検討すべきである。

　M&A戦略の機能不全に対する処方箋と失敗事例とが，どのように結び付いているのかは，様々な事情が絡み合ってわかりにくいものである。**図表12-6**にその関係性を整理した。次章では，M&A戦略の機能不全に対する処方箋を踏まえたうえで，どうすれば「良い」戦略を策定することができるのかを解説することとする。

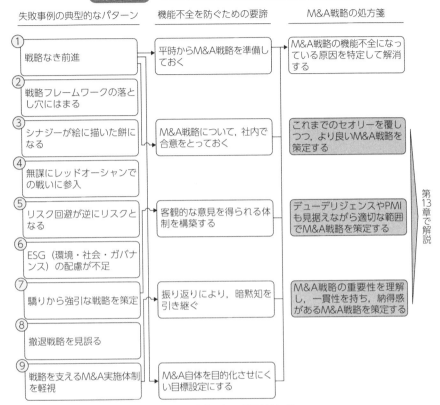

図表12-6　失敗事例とM&A戦略の処方箋の関係性

（出所：デロイト トーマツ ファイナンシャルアドバイザリー合同会社作成）

第13章 「良い」M&A戦略を作る

Summary

　具体的に「良い」M&A戦略をどう策定するかという点を掘り下げる。

―「良い」M&A戦略を考える際にHow思考は捨てる

　いかに戦略を策定するかという単純なHow思考（方法論志向）で「良い」戦略を作ることは難しい。PART Ⅱで９つのパターンの失敗事例を解説した。これらの各事例で考察してきた失敗が起こる原因を理解し，自社の状況下で，こうした失敗を予防するためにはどのような打ち手が必要になるのかを検討することが求められる。「良い」M&A戦略のための条件をまとめると以下のとおりであるが，なぜこの内容になるのかを理解することが重要である。

【「良い」M&A戦略の策定における要諦】

① 全社戦略と整合し，方向性が明確に定義されており，情熱のある戦略であること

② セオリーに囚われず，競争優位に立てるような戦略仮説が描かれていること

③ 外部環境を踏まえ，バックキャスティングで戦略が練られていること

④ 買収対象企業のことも考慮しつつ，自社が絶対に獲得したいものが定義されていること

⑤ M&A推進上の仕組みを構築し，コミットができる仕掛けがあること

―戦略を策定するためには非日常的な思考プロセスが求められる

　戦略を策定する際には非日常的な思考プロセスが必要となる。筆者が必要になると考える思考プロセスは，アイディア思考，仮説思考，先読み思考，ストーリー展開力，ロジカルシンキングを組み合わせたようなものである。他社のサクセスストーリーを参考にする方法も有用である。本章ではこれらのポイントについて考察を行う。

1 ┃「良い」M&A戦略とは何か？

　本章では「良い」M&A戦略の作り方について解説する。他の章でも説明してきたが，M&A戦略は全社戦略を成し遂げるための1つの戦略としての位置づけである。したがって，全社戦略の実現に資することができれば「良い」M&A戦略といってもよいだろう。では，「良い」M&A戦略の具体的な条件とはどのようなものなのかについては，これまでの失敗事例を踏まえると，**図表13-1**のような条件が必要になると考えられる。

　そもそもどのような戦略が「良い」M&A戦略なのかが定義されていない，戦略を策定するプロセスがわからない，M&Aに関する基本的な知見が不足している，ことなどが良い戦略の策定を難しくしている。

　M&A戦略に求められているのは，きれいに分析することや，うまく情報を整理することではない。簡潔で，ストーリーそのものが魅力的であることが重要なポイントである。経験が浅いと，いかにきれいに，網羅的に，MECEに（モレなくダブりなく）分析するかにフォーカスしがちである。

図表13-1　良いM&A戦略の条件

No.	条件
(1)	全社戦略と整合し，方向性が明確に定義されており，情熱のある戦略であること
(2)	セオリーに囚われず，競争優位に立つための戦略仮説が描かれていること
(3)	外部環境を踏まえ，バックキャスティングで戦略が練られていること
(4)	買収対象企業に配慮しつつ，自社が絶対に獲得したいものが定義されていること
(5)	M&A推進上の仕組みを構築し，コミットができる仕掛けがあること

（出所：デロイト トーマツ ファイナンシャルアドバイザリー合同会社作成）

2 ┃M&A戦略策定時のHow思考の落とし穴

(1)　失敗事例に対する「コインの裏返し」は避ける

　ネットや書籍でM&Aの失敗に関する体験談やその背景に対する考察が述べ

られていることがあり，多くの場合これらは示唆に富む情報である。一方で，M&A戦略を策定する際には，こうした失敗事例に対して「コインの裏返し」や単純なHow思考に陥るのは避けたいところである。

　「コインの裏返し」とは，問題に対してただ言葉を裏返しただけの解決策という意味である。たとえば，「会議に遅刻してしまった」という問題であれば，「遅刻しないように気を付ける」という具合である。気を付けるのは当たり前で，なぜ問題が起こったのか（なぜ遅刻したのか）を分析しなければ，実効的な対策を考えることは難しい。寝坊なのか，公共交通機関の遅れなのか，前の会議が長引いたのか，それらの原因によって対策は異なってくるだろう。

　コインの裏返しは問題外として，単純なHow思考もやはり真の解決策には結び付かない。先の例で寝坊したのが遅刻の原因だとすると，アラームを設定するという対策を考えるような思考プロセスが単純なHow思考である。一見すると，対策になっているように見えるが，なぜ寝坊したのかまで考慮しきれていない。寝坊した原因が飲み会で遅くまでお酒を飲んでいたということであれば，飲み会を早めに切り上げるという対策こそが必要になる。

⑵　How思考では良いM&A戦略にはつながらない理由

　How思考についての簡易的な例を紹介したが，失敗事例の原因を特定せずに解決策に飛びつくことの問題点はご理解いただけたのではないだろうか。ただ，何となくわかったが，M&Aの文脈で具体的にどうすればよいかまでは見えてきていないという方も多いかもしれない。

　そのため，ここでは具体例を挙げて説明をしたい。たとえば，失敗のパターンに「①戦略なき前進」というものがあるが，How思考による対策は「戦略を策定する」となる。すでに**第3章**において解説したとおり，「戦略を策定する」ことが十分な対策とはいえないことをご理解いただけるだろう。ここでの私たちの目標は「良い」戦略を策定することなのである。

　本書では9パターンの失敗事例を取り上げているが，コインの裏返しやHow思考で対策を考えると**図表13-2**のようになってしまう。これは原因を特定せずに，安易に解決策（How）に飛びついているだけで，とても解決は望めそうもない。

図表13-2　M&A戦略のHow思考の落とし穴

失敗事例の典型的なパターン	良いM&A戦略（ではない）
① 戦略なき前進	戦略を策定する
② 戦略フレームワークの落とし穴にはまる	フレームワークの使用を控えつつM&A戦略を策定する
③ シナジーが絵に描いた餅になる	実現性のあるシナジー案を策定する
④ 無謀にレッドオーシャンでの戦いに参入	M&Aを実施しつつ，ブルーオーシャンを作り出す
⑤ リスク回避が逆にリスクとなる	リスクを果敢に取りに行く
⑥ ESG（環境・社会・ガバナンス）の配慮が不足	ESGに配慮しながらM&Aを検討する
⑦ 驕りから強引な戦略を策定	自社の能力を適切に見極めつつM&Aを実施する買収相手にも配慮した戦略を策定する
⑧ 撤退戦略を見誤る	撤退に関するルール決めをする
⑨ 戦略を支えるM&A実施体制を軽視	実施体制を整える

「失敗パターンを防ぐと，良いM&A戦略を作れる！」という典型的な「How思考」は捨てる

(出所：デロイト トーマツ ファイナンシャルアドバイザリー合同会社作成)

3 「良い」M&A戦略の条件

　それでは，どのような戦略が，「良い」戦略といえるのかについて，**図表13-1**の条件をどのように導き出しているのかを順を追って解説する。

⑴ 全社戦略と整合し，方向性が明確に定義されており，情熱のある戦略であること

　「戦略なき前進」への対策は，「戦略を策定する」ではない。**第3章**で解説したとおり，「戦略なき前進」の根本的な原因にはM&A自体の目的化があるが，戦略が「明確に定義されている」という状態を作って，自己目的化の抑制に努めるのがよい。このとき，その「明確に定義されている」内容は，全社戦略と整合していることが求められる。M&Aは全社戦略を成し遂げるための，1つの手段にすぎないため，どれほどM&A戦略が明確に定義されていたとしても，全社戦略と整合していなければ役に立たないのである。

　さらに「情熱のある」という点がポイントになる。やや精神論が入ってくる

が，会社として成し遂げたいことに情熱があるのかどうか，それが戦略に落とし込まれているのかどうかも重要である。**第3章**の中で愛社精神がM&A自体の目的化を防ぐ要素になると述べたが，この愛社精神こそが情熱の源泉になりうる。愛社精神と聞くと古臭く，根性論を想起させるが，要は自社の製品が好きであるとか，その自社の製品を通じて社会を良くしたい，消費者に喜んでほしい等，自社やその商品に対する気持ちのことである。ここで重要なのは，私利私欲のためにM&A自体を目的化しないという点である。

⑵　セオリーに囚われず，競争優位に立つための戦略仮説が描かれていること

①　M&A戦略における「骨太」な戦略仮説とは

　本書の中で折に触れて「骨太」というキーワードを用いてきたが，重要なポイントは，ロジックのしっかり通った戦略のストーリーを作ることである。精緻な分析ときれいなグラフで彩られた耳障りの良い戦略が，必ずしも良い戦略とは限らない。

　M&Aを通じて競争優位に立つことが予見できる骨太なシナリオが描かれているかどうかを精査してほしい。何となく実現しそうなイメージが描かれている程度で，現実味がないとか，少しでも違和感がある場合には要注意である。違和感の原因は，たいていの場合，「①戦略のストーリーが矛盾している」，「②目標に対して戦略に無理がある」，「③解釈の方法がいくつかある」，「④差別化と効率化の意味を理解していない」などである。

悪い例①：「戦略のストーリーが矛盾している」

　極端ではあるが，海外市場に関するM&A戦略を策定しているにもかかわらず，期待されるシナジーとしてなぜか国内の機能強化に焦点が当たっているケースのようなものがこれに該当する。こうした矛盾点について，戦略的な意義などがあればよいが，権力者への忖度など，何らかの事情があって，無理やり国内の機能強化が組み込まれている可能性もある。

　少しわかりにくい例ではあるが，新規事業を伸ばすというM&A戦略にもかかわらず，既存事業を新規事業と組み合わせて成長させるという戦略が組み込

まれているケースには注意が必要である。特段矛盾を感じられないかもしれない。しかしこのようなケースでは，戦略を実行しようとする際に何を重視したらよいのかが曖昧であり，混乱が生じうる。新規事業の成長か，既存事業の成長か，何を目的としたM&Aなのかをきちんと明確化することが求められる。

　決して既存事業と関連づけることを否定しているのではない。新規事業を伸ばすうえで，既存事業とのシナジーがあれば活用すればよい。肝心の目的が不明瞭な状態で実際の検討を進めると，想定もしていないシナジー仮説が作られて，それを価格に織り込んで高値掴みにつながってしまうというリスクも生じうる。

悪い例②：「目標に対して戦略に無理がある」

　多少背伸びをした目標を設定しているケースはよくあるが，それを達成しようとM&A戦略にも無理をさせるケースがある。中には，運に任せた博打的な要素があるものや，そもそもM&Aを行う必要がないようなものが戦略に紛れ込んでいるケースも散見される。さらに，戦略を考える際に，競合企業の動向を織り込まず，現実味の欠けているケースもある。

　策定された戦略では目標が達成できないとなると，戦略を無視する行動もとられかねない。

悪い例③：「解釈の仕方がいくつかあり，都合の良いように解釈する」

　戦略に柔軟性を持たせることは重要ではあるが，戦略に解釈の余地がある場合，都合が良いように捻じ曲げて解釈されるリスクが生じてしまう。戦略に解釈の余地がある場合には，そもそも戦略が定まっていないことが原因として考えられる。原点に立ち返って，詰め切れていない部分を特定し，その方向性を再考すべきである。

悪い例④：「差別化と効率化の意味を理解していない」

　差別化は競争優位につながるが，効率化とは異なるものである。効率化も優位性を確保するための手段ではあるが，その優位性は一時的なものにとどまる可能性もある。M&Aによって成し遂げたいことや，そこに至るまでの戦略を

描くことはできてはいるものの，その戦略を実行したとしても競争優位に立つことはできないというパターンである。たとえば，製品開発において重視される「より速く」，「より薄く」，「より軽く」といった改善は効率化の範疇にとどまり，差別化とまではいえない（もちろん程度にもよる）。

　競争優位に立つための差別化の意味を理解することが重要である。たとえば，単に品質を改善する，価格を安くすることは一時的な差別化にはなるが，競争優位を維持するための差別化ではない。他社の製品にはない何らかの新しい要素を付け足すことが，顧客にとっての新しい価値となる場合に，差別化といえるのである。

　差別化と効率化の最大の違いは，模倣困難性と付加価値の有無に集約される。たとえば，単純に価格を安くするだけであればすぐに模倣されてしまい，競争優位性は一時的なものとなる。また，競争優位性を確立するためには，自社の製品やサービスが他社のものにはない付加価値を持っており，それが顧客に受け入れられなければならない。顧客が必要としていない価値は，競争優位性につながらない。たとえば，品質を多少改善したところで，顧客にとってそれが価値だと認識されていないのであれば，差別化につながっていないということになる。

　差別化として行っている取組みが，実際には差別化につながっていないケースは多いように見受けられる。「より速く」，「より薄く」，「より軽く」，「より小さく」，「より強く」，「より多機能に」などと列挙すればキリがないが，これらは基本的には効率化であって，差別化ではない（もちろん，効率化が模倣困難であり，差別化につながっている場合もある）。これらの効率化に対する企業努力を軽視するわけではない。効率化は，差別化と同様に企業の競争力を高めるために不可欠な活動であるが，M&A戦略を考えるうえでは，この効率化と差別化の定義を明確に分けることが重要である。

②　ストーリー（戦略仮説）を作るのに必要な思考プロセスとは

　良いM&A戦略には骨太な戦略仮説が求められるが，この戦略仮説を作るためには，著者の経験からすると，アイディア思考，仮説思考，先読み思考（バックキャスティング），ストーリー展開力，ロジカルシンキングが不可欠で

あり，それらが組み合わさった思考プロセスが必要である（**図表13-3**）。

　将棋を例に挙げると，まずは得意とする戦法で攻めること（アイディア）を考え，それが実現したら対局相手（M&A戦略の場合には顧客や競合相手）がどのような戦法をとってくるのかという仮説を立てる。その仮説に対して，実際に自分が動いたら対局相手がどのように反応するのかを見て，2手，3手と先読みし（プロの棋士であれば20～30手），自分の打ち手（アイディア）がうまくいっているのかどうかを状況判断し，次の1手を打たなければならない。ここまでの流れは，一貫したストーリーとして組み立てられなければならない。

　なお，上記の思考プロセスの前提として，本書で説明した戦略の考え方を理解していることや外部環境分析や内部環境分析を適切に行ったうえで戦略を策定するための材料を整えておくことも必要である。M&Aには常に相手が存在し，自社・買収対象企業の内部の人間はもちろん，それを取り巻く外部環境（顧客や競合相手）もある。そのため，そうした環境条件次第でとりうるM&A戦略は異なってくるので，単一の答えはない。非常に形式化がしづらい領域である。

図表13-3　戦略を考えるための思考力

No.	概要
1	アイディア思考
2	仮説思考
3	先読み思考（バックキャスティング）
4	ストーリー展開力
5	ロジカルシンキング

(出所：デロイト トーマツ ファイナンシャルアドバイザリー合同会社作成)

アイディア思考

　アイディアを考案するアプローチは色々とあるが，このアイディアを考える段階ではロジカルに考えすぎないほうがよい。前提を変えてみたり，視点を切り替えたり，ワークショップを活用したり，できるだけ右脳思考（ラテラルシンキング）を心がけてみる。もちろん，アイディアが出てくれば，後は実際に

M&Aによって何を成し遂げたいのか，収益性はどうなのか，シナジーはあるのか，という留意点を1つひとつ詰めていく。

　なお，アイディアを考えるのは得意でないという方も多いのではないだろうか。そういう方のために，いくつかのアプローチを紹介したい。

　1つ目は，四則演算のように既存の商品やサービスに何かをプラスする，マイナスする，掛け合わせてみるという方法がある。わかりやすい例では，低価格の理髪店が挙げられる。サービスの中からシャンプーや髭剃り，予約などのオプションを引き算することで，非常に安価な理髪サービスを提供することができる。単に安いだけではなく，理髪店側の時間当たりの売上単価が通常の理髪店を上回るケースもあるなど，そのビジネスモデルにも注目したい。

　低価格の理髪店が10分1,000円でサービス提供する場合，1時間当たり6,000円の売上になる。通常の理髪店の場合，顧客単価はこれを上回るものの，時間単価を比べると，通常の理髪店が低価格の理髪店よりも安くなる場合もある。工夫次第でそのようなビジネスを組み立てることが可能であるため，四則演算を用いて新たなアイディアを考えて，ビジネスの再構築を検討してほしい。

　2つ目は，商品ではなく提供価値をベースにアイディアを考えてみるというものである。まずは自社が提供している本質的な価値が何かを考える。そして，その価値はどのようにすれば高められるのかと考察を深めていくのである。

　たとえば，物販を単に「モノを売る」という行為だと捉えれば，そこに発展性はないが，その「モノを通じて消費者の生活を楽にする」という価値提供だと捉えれば，他に消費者の生活を楽にできることはないかと，思考が発展していく。このアプローチで考える場合には，モノであることにこだわる必要もない。生活を楽にできるサービスによって，その価値提供を実現することでもかまわないからである。

仮説思考

　M&Aによって自らが成し遂げたいアイディアを考えたら，実際に買収対象企業を選定し，買収すればどんなことが実現できるか仮説を立てる。その仮説が正しいかどうかを，デスクトップ調査やインタビューなどによって収集した情報をもとに検証する。最初に立てた仮説が間違っているというケースも多い。

最初から正しい仮説を必ず導くことができることが重要なのではなく，上記の検証プロセスを踏まえてブラッシュアップし，より質の高い仮説に昇華させることが重要なのである。

先読み思考（バックキャスティング）

　M&A戦略を策定するためには，現状分析だけではなく，業界が将来的にどのように変化しうるのかを読み通す力が必要になる。これが先読み思考である。M&A後に，その業界で競合や顧客がどのように動くのか，その中でどのように競争優位性を確立するのかを考える必要がある。これは業界によっても難易度が異なる。たとえば，IT業界のように変化が早い分野では，将来5〜10年後の世界を読み通すことは容易ではない。ただし，難しいからといって，行き当たりばったりでもよいというわけではない。**第1章**で説明したように，ハイプ・サイクルを活用すれば，技術開発の一部はトレンドを理解できるはずである。ある程度予測が可能な部分を見つけ出し，それをもとに将来予測することが有効である。そして，その予測に基づいて，バックキャスティングしてみることで，現時点でとるべき施策について考えることが重要である。

ストーリー展開力

　仮説と先読み思考で描いた1つひとつのピースがストーリーとしてつながることも重要な要素となる。1つの打ち手をみて，あまり効果が見込めないように思えても，それらの打ち手を一連の流れでみたときにようやく意味がわかることもある。このような一連の流れの筋書きを考える能力がストーリー展開力である。何も作家のように面白い文章，物語を紡ぎ出せというわけではない。M&Aにおける各施策が，戦略という観点からみて整合的であるとか，有機的に結び付いているといえるかどうかが重要になる。

　単独の施策は模倣可能だが，その施策を組み合わせるのは技術的に模倣が困難で，競争優位性につながってくるようなパターンは，戦略的にも魅力あるものといえるだろう。例としては，**第6章**において紹介したLCCの事例がこれに該当する。

<u>ロジカルシンキング</u>

　最後にロジカルシンキングについても言及しておきたい。アイディアを得るために右脳思考が必要であることはすでに述べた。得てして，面白い施策というものは，一見すると思考が飛躍しているようにみえるものである。丹念にその思考の背景を辿っていくと，ロジックがある場合もある。最初からアイディアをロジカルではない（ようにみえる）と切り捨ててしまうのは危険である。思ってもみないところに打開策や解決策が眠っている可能性がある。そのため，あえて最後にロジカルシンキングについて述べている。

　なお，ビジネスパーソンの日常は左脳（ロジカル思考）重視である。思考が飛躍しているようにみえるアイディアを社内で推し進めるのは，実際のところ難しい。そのため，右脳思考のアイディアについて，自社にとってどのような合理性があるのか，経済的にもメリットがあるのか，現実的に進めることができるのか，などとロジカルに説明できるかどうかを検討する必要がある。

⑶　外部環境を踏まえ，バックキャスティングで戦略が練られていること

　M&A戦略は外部環境が可変であるという前提のもとに作るべきである。PART Ⅱでも言及したように，自社が参入したことで，競合企業が攻勢をかけてくることもある。そのような状況も予測して戦略を策定していく。また，現在の外部環境だけではなく，将来的にどのような外部環境になるのかを予測し，それに応じた戦略を策定することが重要である。将来を正確に予測することは実質的に困難であるが，部分的なトレンドであれば予測可能である。そのため，予測可能なトレンドも踏まえつつ，バックキャスティングでM&A戦略が練られていることが望ましい。

　「外部環境分析を踏まえ，バックキャスティングされて」いれば，「無謀にレッドオーシャンでの戦いに参入」（第6章），「リスク回避が逆にリスクとなる」（第7章），「ESG（環境・社会・ガバナンス）の配慮が不足」（第8章）という失敗パターンをすべてではないにしても，一部は防ぐことができる。なお，自社自体がESGに配慮していたとしても，買収対象企業にESGに反する事象が隠されていることもありうる。すべて見抜いて失敗を防ぐのは困難であるが，だからといって対策を怠ってよいというわけではない。

(4)　買収対象企業に配慮しつつ，自社が絶対に獲得したいものが定義されていること

　「シナジーが絵に描いた餅になる」（**第5章**），「驕りから強引な戦略を策定」（**第9章**）する失敗事例については，買収対象企業の状況やそこで働く人たちの心情をうまく考慮できていない場合に生じることが多い。コミュニケーションの基本は，相手の状況や心情に配慮する思いやりであり，それはM&Aであっても同じである。このとき，買収対象企業にどの程度まで譲歩できるのかを線引きしなければならない。そこで，M&A戦略の中で自社が絶対に獲得したい部分，譲れない部分について定めておく必要がある。

(5)　M&A推進上の仕組みを構築し，コミットができる仕掛けがあること

　「撤退戦略を見誤る」（**第10章**），「戦略を支えるM&A実施体制を軽視」（**第11章**）という失敗事例では，M&A推進上の仕組み（制度，実施体制）を構築し，コミットができる仕掛け（評価制度）を整える必要がある。M&Aは企業を買収すればそれで終わりというわけにはいかない。買収後もPMIが続き，かつ将来的には撤退の可能性もありうる。役割分担や各自の責任を明確にし，どのような体制でM&Aを進めていくのかを決めておかなければならない。また，その体制が機能するような仕掛けも不可欠である。

①　他社のサクセスストーリーを眺める

　本章では様々な思考法を紹介してきたが，それでも「コインの裏返し」のような戦略しか描けなかった場合に，おススメしたい方法が，他社のサクセスストーリーを「眺めてみる」というものである。他社のサクセスストーリーを真似するのは厳禁ではあるが，どのように成功に至ったのかを考察することで，発想の種になることがある。真似が厳禁なのは法的，倫理的にということではない。自社が置かれている状況と他社が置かれている状況は異なるため，単に真似しても戦略は機能しないからである。また，すべての情報が外部に開示されているわけではなく，文脈を完全に理解できるとは限らない。そのため，限られた情報の中で，成功に至ったエッセンスを探し出し，自社の戦略の場合にはどうすべきなのかと想像を膨らませてほしい。

②　手書きでアイディアを整理する

　戦略策定のための検討や分析において，壁に直面しないことなどほとんどない。アイディア出しする際に，複数のメンバーでブレインストーミングを行う等が重要になるのは言うまでもないが，1人でできることは何だろうか。そのようなときに，筆者が推奨したいのが，ペンで戦略を書き出すことである。ペンで紙に向かってアイディアを書き出していくと，不思議とこれまで考え至らなかったことが出てくる。アイディアを可視化することで，思考が整理され，次のアイディアも生まれやすくなるのではないだろうか。戦略検討で煮詰まったときにはぜひ試してみてほしい。

　人によっては，紙ではなく，キーボードをタイピングしてPCに書き出すことでもよいかもしれない。ただ，個人的には，手書きのほうが思考を可視化しやすく，思考（脳？）がより活性化されるような感じを受けるが，皆さんはいかがだろうか。

4 ┃ 本章におけるポイントのクロスチェック

　買収失敗の要因を，本章で記述してきた施策で本当に解消できるのかどうかを最後に考察してみたい。失敗要因を**図表13-4**のとおり「準備・実行段階の失敗」，「PMIの失敗」，「タイミング（の問題）」の3つに大きく分類し，以下解説したい。

⑴　準備・実行段階の失敗（クロスチェック）

　「準備・実行段階の失敗」の要因として，リーダーたちに多く挙げられているのは，①「買収候補そのものの誤り」，②「戦略仮説が不明瞭」，③「高すぎる買収金額」，④「プロセスの徹底不足」である。

　本書では，①買収候補の誤りや②戦略仮説が不明瞭なことによる失敗はM&A戦略において防げることを解説してきた。③の高値掴みについては，M&A自体の目的化を防ぎ，シナジーの実現の確度を上げることで幾分防ぐことができると考えられるが，他の買い手候補の出方など状況次第で買収金額が高騰してしまうこともありうるため，完全に防ぐことは難しい。

図表13-4　買収失敗の要因として以下の要因を挙げたリーダーの割合

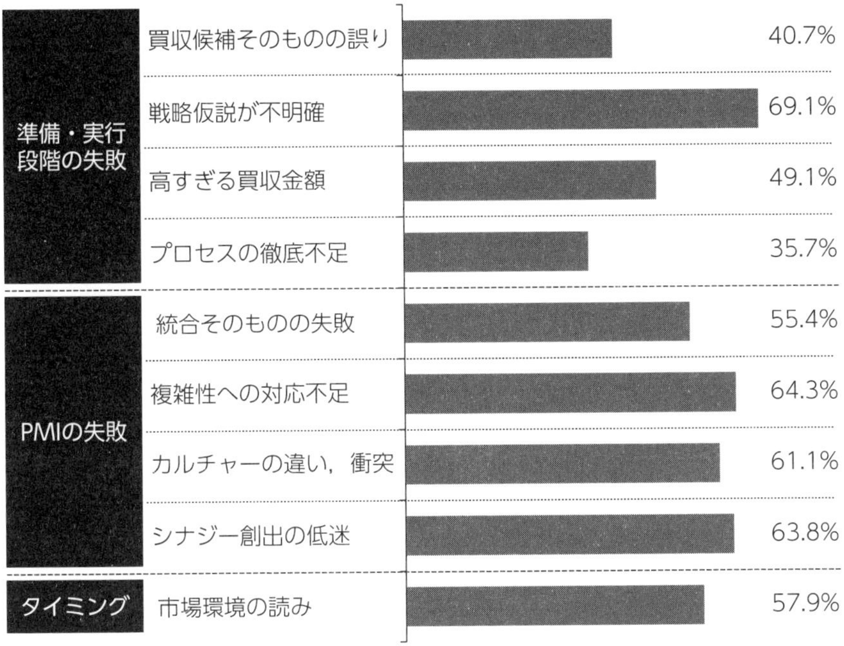

準備・実行段階の失敗	買収候補そのものの誤り	40.7%
	戦略仮説が不明確	69.1%
	高すぎる買収金額	49.1%
	プロセスの徹底不足	35.7%
PMIの失敗	統合そのものの失敗	55.4%
	複雑性への対応不足	64.3%
	カルチャーの違い，衝突	61.1%
	シナジー創出の低迷	63.8%
タイミング	市場環境の読み	57.9%

(データソース：菅野寛『BCG経営コンセプト 構造改革編』(東洋経済新報社，2016年))

　M&Aの成功には，準備から実行に至るまでのプロセスを徹底的に実施することが不可欠である一方で，リソースには限度がある。そのため，④プロセスの徹底不足については，M&A戦略をもとに，収集すべき情報や検討すべきリスクに優先順位を付けて絞り込み，デューデリジェンスを効率化することで，少しでも各プロセスでの負担を軽減し，失敗につながることを予防したいところである。

(2)　PMIの失敗（クロスチェック）

　次に，PMI段階では「統合そのものの失敗」，「複雑性への対応不足」，「カルチャーの違い，衝突」，「シナジー創出の低迷」といった失敗要因が挙げられている。ここでもM&A戦略は重要な意味を持つと考えられる。M&A戦略の中で買収後のビジョンをしっかりと描ききれていれば，上記の要因による失敗は

防止できるはずである。M&Aの意義を明確にし，買収対象企業の事情にも配慮し，実現可能なシナジー仮説をストーリー化できていれば，PMIでやるべきことも明確になるだろう。

　なお，「複雑性への対応不足」については，どの企業にも当てはまる解決策を講じることは難しいが，「良い」M&A戦略の条件の1つとして挙げた「M&A推進上の仕組み（制度，実施体制）を構築し，コミットができる仕掛け（評価制度）を整える」ことが有効であると考えられる。

⑶　タイミング（クロスチェック）

　「市場環境の読み」については，人は将来をすべて予測できるわけではないため，読み間違えることは誰にもある。ただし，「外部環境を踏まえ，バックキャスティングで戦略が練られていること」によって，予測の精度を高めることは可能である。また，読み間違えたときのシナリオをいくつか用意しておくことも重要である。

　以上，簡単な考察ではあるが，代表的なM&Aの失敗要因について，本書で紹介した防止策がそれらの要因を解消するための一助となりうることを示した。

⑷　M&A戦略の処方箋と「良い」M&A戦略のつながり

　ここまで，様々な視点から「良い」戦略がどのようなものかを述べてきた。しかし，結局どうすれば「良い」戦略になるのか，その「How to」が不明瞭だと感じられたかもしれない。確かに「良い」戦略の中身は，企業の置かれた環境によって異なる。そのため，本章では「良い」戦略を考えるためのヒントや何を「良い」とするかの基準について記載したつもりである。

　図表13-5は，本書の**序章**で述べたM&A戦略の処方箋と「良い」M&A戦略とのつながりを整理したものである。

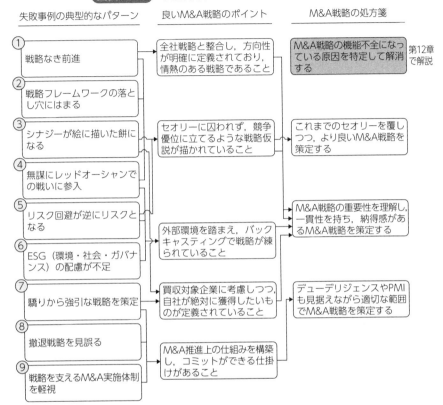

図表13-5　失敗事例とM&A戦略の処方箋の関係性

失敗事例の典型的なパターン

① 戦略なき前進

② 戦略フレームワークの落とし穴にはまる

③ シナジーが絵に描いた餅になる

④ 無謀にレッドオーシャンでの戦いに参入

⑤ リスク回避が逆にリスクとなる

⑥ ESG（環境・社会・ガバナンス）の配慮が不足

⑦ 驕りから強引な戦略を策定

⑧ 撤退戦略を見誤る

⑨ 戦略を支えるM&A実施体制を軽視

良いM&A戦略のポイント

全社戦略と整合し，方向性が明確に定義されており，情熱のある戦略であること

セオリーに囚われず，競争優位に立てるような戦略仮説が描かれていること

外部環境を踏まえ，バックキャスティングで戦略が練られていること

買収対象企業に考慮しつつ，自社が絶対に獲得したいものが定義されていること

M&A推進上の仕組みを構築し，コミットができる仕掛けがあること

M&A戦略の処方箋

M&A戦略の機能不全になっている原因を特定して解消する（第12章で解説）

これまでのセオリーを覆しつつ，より良いM&A戦略を策定する

M&A戦略の重要性を理解し，一貫性を持ち，納得感があるM&A戦略を策定する

デューデリジェンスやPMIも見据えながら適切な範囲でM&A戦略を策定する

（出所：デロイト トーマツ ファイナンシャルアドバイザリー合同会社作成）

第14章

模擬演習：M&A戦略策定

Summary

　本章では，M&A戦略の理解を深めるために，模擬演習として，実際に2つのM&A戦略の策定例を示し，それぞれの内容を比較してみたい。なお，よりリアルなM&A戦略策定を実感していただきたいため，本演習ではM&A戦略どころか，経営戦略さえ詰め切れておらず，今後の事業の方向性について大枠しか決まっていないという設定にしている。

―演習を通じて，M&A戦略策定の理解をより深める

　前章までM&Aの典型的な失敗パターンに関する分析を通じて，「良い」M&A戦略の策定について考察を深めてきた。ただし，「良い」戦略は企業の置かれた状況によって異なるなどと，やや歯切れの悪い総括を行ってしまった。確かにそれは事実ではあるが，より具体的なイメージを掴んでいただくため，架空の企業を設定して，M&A戦略の簡易的な例示を作成してみたい。例示は，Before版とAfter版（筆者も内容検討に加わったもの）の2つを作成した。

―事例設定：国内照明器具メーカーによるM&A検討

　福岡県に拠点を有する照明器具メーカーの大博照明株式会社は1980年に設立され，2000年以降は年平均3～4％の売上成長率を達成している。創業者である東松社長はデザイン会社出身ということもあり，顧客に対してデザイン性が優れた，高品質，高付加価値の商品を提供することを経営の方針としてきた。

　しかし，将来的にみると，国内市場の成長は鈍化し，既存事業のみでは売上高や利益水準を確保するのが難しくなることは大博照明株式会社の経営陣もわかっていた。また，大手企業が大半のシェアを占め，部材調達のスケールメリットを享受しており，価格競争では勝ち目はなかった。さらに大手企業にはブランド力もある一方で，大博照明株式会社には広告宣伝にかける潤沢な資金もなく，大手企業とは別路線で戦う必要があった。

　上記のような状況下でどのようなM&A戦略を描くことができるだろうか。

1 ┃ 模擬演習：実際にM&A戦略を策定してみた

　前章まで，M&A戦略策定のプロセスや留意点，M&Aが失敗に至る典型的パターンについて述べてきた。しかしながら，M&A戦略策定の具体的なイメージをお伝えできているかというとやや心許ない。とはいえ，実在する企業のM&A戦略について，模擬演習とはいえ，大っぴらに書くことも立場上難しいことから，架空の事例を示すこととした。おそらく，M&A戦略関連の書籍の中で，模擬演習と銘打ったものは，これまでなかったのではないだろうか。

　なお，M&A戦略は，経営戦略と切っても切り離せない関係にある。M&A戦略を考えるうえで難易度が高くはなるが，本演習では，経営戦略すら練り切れていない状態を初期設定とした。そのため，本演習の中では，そもそもの経営戦略の方向性も考え，M&A戦略を策定するという流れになる。

　詳細にM&A戦略を練り上げていくと，書籍１冊分ぐらいのボリュームになることもありうるため，本章で検討するM&A戦略は，あくまでも簡易版として，イメージが掴める程度の粒度としている。

　単にM&A戦略の例示をみても，そのM&A戦略のどこが良くて，どこが悪いのかという点は見えにくい。そこで，本章では，M&Aの現場でよくみられるやや残念なBefore版（詰め切れておらず改善点が残されているもの）と，筆者が改善策を講じたAfter版を比較していく。

(1)　模擬演習の前提条件

　この模擬演習の舞台は，国内で照明器具の生産・販売を手掛ける大博照明（架空企業）である。照明器具という差別化が比較的難しい業界であり，今後市場規模が伸び悩むことが想定されている。競合企業は，再編によりコスト削減を進め，より成長性が高い海外に軸足を移しつつある状況である。

　設定は極めてシンプルで，これをもとに，会社概要，業績推移，市場環境，競合動向を参考にしながら，M&A戦略を策定するという演習である。不足している情報は，デスクトップ調査や適宜仮定を置くことで進めることとする。

図表14-1　演習概要

項　目	概　要
演習題材	大博照明の経営戦略の精緻化，M&A戦略の策定
提供情報	①企業概要，②業績推移，③市場環境，④競合動向
その他	デスクトップ調査は可とし，不足している情報は仮定を置くことで代替する。既存事業に一定程度関連する事業に検討範囲はとどめる（例：スポーツチームのM&Aのような飛び地は本演習では対象外とする）。
フォーマット	PPT形式で数枚程度

(出所：デロイト トーマツ ファイナンシャルアドバイザリー合同会社作成)

提供情報①：大博照明はデザイナー会社出身の創業者が1980年に設立

　大博照明は，福岡県北九州市に本社を構え，創業は1980年となっており，創業者はデザイン会社の出身である。売上は136億円，営業利益は5.5億円で，従業員数は267人という規模感である。株主としては東松氏が80%の株式を保有している状態である。

提供情報②：大博照明の直近の業績はほぼ横ばい

　照明器具の市場規模は減少の一途をたどっているものの，その中でも大博照明は業績を維持している。照明器具は住宅向け／非住宅向け，受注型／非受注型（マス向け）の4つのセグメントに大きく分けられるが，その中でも成長を牽引しているのは，非住宅（商業施設やオフィスビル等）向けの受注型製品である。非受注型（量産型）についてもIoT等の新技術の活用やデザイナーとのコラボ製品の販売によって微増という状態にある。

提供情報③：事業環境は悪化している

　国内の照明市場をみると，住宅向けの照明器具については，人口減少に伴い，今後も需要が縮小していくと見込まれている。他方，非住宅向けの照明器具についても，将来予測のデータは開示されていないものの，局地的に成長する余地はあったとしても，市場が大きく伸びることはないと想定されている。

提供情報④：競合は再編や海外進出を行っている

　競合企業は，国内市場の縮小やそれに伴う利益率の低下から，国内事業の再編に着手している。製造コストが安価な海外工場を活用し，販路拡大のためにアジア圏への進出も行っている。

図表14-2　①企業概要

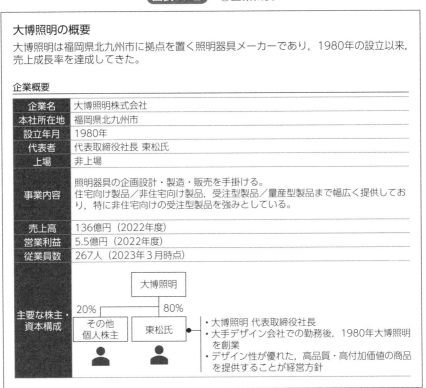

（出所：デロイト トーマツ ファイナンシャルアドバイザリー合同会社作成）

図表14-3　②業績推移

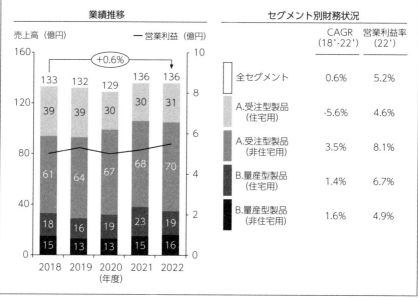

大博照明の業績概観

当社はデザイン力が高く，受注型製品に強みを有し，過去の事業成長は主に非住宅分野が牽引している。市場環境は厳しいものの，IoT等の技術の取り込み，コラボ製品の販売等で，業績はほぼ横ばいである。

業績推移

売上高（億円）　━ 営業利益（億円）

年度	売上高
2018	133 (39/61/18/15)
2019	132 (39/64/16/13)
2020	129 (30/67/19/13)
2021	136 (30/68/23/15)
2022	136 (31/70/19/16)

+0.6%

セグメント別財務状況

	CAGR (18'-22')	営業利益率 (22')
全セグメント	0.6%	5.2%
A.受注型製品（住宅用）	-5.6%	4.6%
A.受注型製品（非住宅用）	3.5%	8.1%
B.量産型製品（住宅用）	1.4%	6.7%
B.量産型製品（非住宅用）	1.6%	4.9%

（出所：デロイト トーマツ ファイナンシャルアドバイザリー合同会社作成）

図表14-4　③市場環境

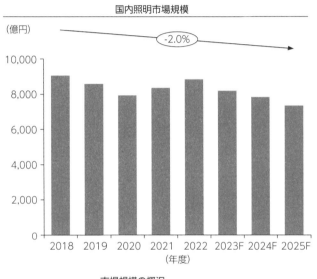

事業環境の変化
照明器具の国内市場は，人口減少に加えて，長寿命なLEDが普及することで，全体的なトレンドとしては規模縮小が見込まれる。

国内照明市場規模

	市場規模の概況		影響度
マイナス要因	住宅需要の減少	・市場規模全体に占める住宅用の割合は，低下傾向 ・新築住宅着工戸数は，人口減で2040年～2050年頃に半減する見込み	高
	価格競争の進行	・安価な中国製品の流入に伴い，国内製品でも価格競争が進む	高
	LED電球への置換	・高寿命のLED電球への置換が進むことで，照明器具の入替検討タイミングが減少	小
プラス要因	非住宅のリニューアル需要の増加	・非住宅建築物の更新時期を迎え，リニューアルが見込まれる	中
	次世代照明市場の拡大	・つながる照明と人にやさしい照明の次世代照明市場が成長途上にあり，対応した照明器具の需要が見込まれる	中

（※）市場規模は架空の数値としている。

図表14-5　④競合動向

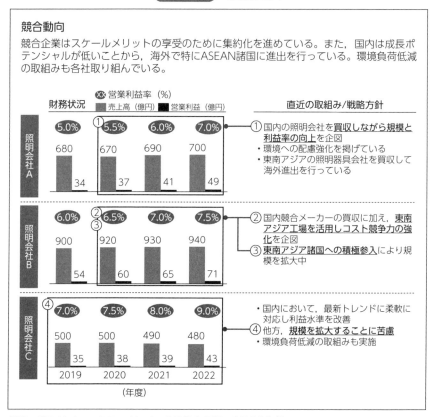

競合動向

競合企業はスケールメリットの享受のために集約化を進めている。また，国内は成長ポテンシャルが低いことから，海外で特にASEAN諸国に進出を行っている。環境負荷低減の取組みも各社取り組んでいる。

（出所：デロイト トーマツ ファイナンシャルアドバイザリー合同会社作成）

2 ┃ Before版のM&A戦略

　まずは，Before版のM&A戦略について簡単に記載していきたい。

　前提条件を踏まえて，国内市場が縮小することから，国内外における商品拡充や他のサービスで新たな顧客層を開拓し，M&Aによる事業拡大も組み合わせて収益源を確保する戦略を考えている。施策としては，次のようなものを採用している。

　①　既存製品の拡販（チャネル・認知度向上）

図表14-6　Before版：戦略実行へのアプローチ

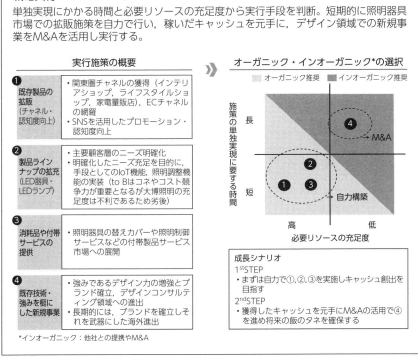

(出所：デロイト トーマツ ファイナンシャルアドバイザリー合同会社作成)

　②　製品ラインナップの拡充

　③　消耗品や付帯サービスの提供

　④　既存技術・強みを梃にした新規事業への参入

　なお，④についてはM&Aを活用した新規事業への参入を想定している。

　既存製品の拡販，製品ラインナップの拡充，その他（消耗品・付帯サービス）の提供等で既存事業の強化を図り，さらに新規事業を行っていくという方向性で，一見して悪い戦略とは思えないが，何が改善ポイントになるだろうか。この点，After版と比較をしながら考察を行う。

図表14-7　Before版：戦略的方向性の明確化

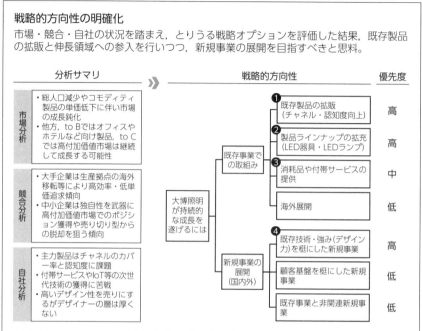

（出所：デロイト トーマツ ファイナンシャルアドバイザリー合同会社作成）

(1)　Before版：戦略的方向性の明確化

　Before版の検討過程については，考えられる戦略オプション（戦略的方向性）を網羅的に洗い出したうえで，優先度をつけている。外部環境分析，内部環境分析を通じて，既存事業と新規事業におけるそれらのオプションを検討するという組み立てになっている。

(2)　Before版：買収対象企業の選定

　戦略オプションの1つが，M&Aによる④既存技術・強みを梃にした新規事業への参入である。これを実現するために，**図表14-8**のように買収対象企業を洗い出している。デザイン力の強化につながる企業群とデザインコンサルティング領域の企業群に絞って，買収対象企業（架空企業）を整理している。

図表14-8　Before版：買収対象企業リスト

買収候補先リスト

デザイン力の強化と，デザインコンサルティング領域への足掛かりの獲得という目的に合致し，大博照明の企業規模から買収可能であると考えられる候補先は以下である。

買収候補		拠点	事業内容・特徴	主要株主	売上(22')	EBITDA(22')
照明器具会社	株式会社X	東京米国	・自社ブランドの販売および海外ブランドの販売卸を手掛ける ・製品はどれも高いデザイン性を誇り各種賞を受賞	・創業者(70%)	40億円	3億円
	株式会社Y	東京	・日本クラシカルなデザインをテーマに活動 ・近年はインテリアメーカーとのコラボ（照明・インテリア）も多数発表	・創業家(80%)	30億円	2億円
デザインコンサルティング会社	株式会社Z	東京	・高級ホテルや高級小売店のトータルインテリアコーディネーターを標榜 ・基本コンセプトの設計からそれに基づくインテリア設計まで一貫して手掛ける	・A建設(60%)	50億円	2億円
	株式会社α	東京	・総合デザインカンパニーを標榜 ・プロダクト，インテリア，空間，様々な領域のデザインを手掛ける	・創業者(30%) ・企業B(25%)	80億円	3億円
	株式会社β	東京	・サステイナブルなデザインを強みとして掲げる ・老若男女に好印象なデザインと，環境負荷の小さい素材へこだわりで業界でも注目の存在	・C不動産(55%)	30億円	2億円

（出所：デロイト トーマツ ファイナンシャルアドバイザリー合同会社作成）

3 ┃ After版のM&A戦略

次に，After版のM&A戦略を示し，Before版との違いについて解説する。

(1)　After版：大博照明の目指すビジョンの設定

After版では，中長期的にみた会社のあるべき姿と，それを実現するためにどのような施策が必要なのか，どのようにして競争優位性を築くのか，という点を最初に定義した。M&A戦略を策定するにあたっては，**第2章**でも解説したとおり，まず戦略の方向性を示すことが重要になる。

この模擬演習は筆者の空想・想像で書いているわけではなく，実際に執筆サポートメンバーとの間で討議を行い，検討を進めている。まず争点となったのが，この目指す会社のビジョンについてであり，それに紐づく戦略的方向性の

選択で議論が分かれるという場面があった。

　その内容としては，海外進出を目指すのか，あるいは付加価値の高い分野に進出するのかという点であった。国内市場の先行きは不透明で，多くの競合企業が海外に目を向けている中，海外進出を検討するのは理に適っており，有望なオプションである。

　しかしながら，最終的な結論として，中長期的には海外進出を視野に入れつつ，まずは競争優位性を築くことを最優先とした。なぜなら，競争優位性がなければ，市場での存在感を放つことは難しく，結局は淘汰されてしまうからである。目先の売上にこだわるよりも，まずは付加価値の高い領域での競争力を確立することが，戦略として適切だと判断した。さらに，大手企業が再編によ

図表14-9　After版：大博照明の目指すべきビジョン

大博照明の目指すビジョン

空間への付加価値を提供する空間プロデュース会社としてのポジションの確立を目指す。中長期的には，周辺領域にも事業を拡大し，自社の強みを軸に，持続的な成長を成し遂げる。

目指すビジョン
① 照明という「モノ」ではなく，空間への付加価値を「コト」として提供できる会社を目指す
② 空間にブランドとしての価値を持たせることで一線を画す会社を目指す
③ 中長期的に，自社の強みを軸にして，地域および事業領域で幅を広げることを目指す

収益性向上	付加価値向上	売上向上	付加価値／売上向上
選択と集中	提供価値の強化	顧客基盤の拡大	新規事業の参入
競合が多く，収益が上がらない事業を見直し，収益が上げられている事業に注力	他社に真似できない，自社ならではの強み（競争優位性）を特定・強化	海外展開を通じて，新規顧客の獲得を狙う	空間（インテリア）を軸とした隣接事業に参入（例：家具製造）

付加価値提供力と売上高　／　時間　／　将来像　／　現状

→：売上高　⇒：付加価値提供力

（出所：デロイト トーマツ ファイナンシャルアドバイザリー合同会社作成）

りコスト競争力を強化している現状を鑑み，利益率が低く付加価値の乏しい事業については整理する方針を採用した。

(2)　Before版とAfter版のM&A戦略の着眼点の違い

Before版では，外部環境・内部環境分析を通じて，戦略的オプションを網羅的に洗い出したうえで，とるべき施策を検討した。

一方で，After版では戦略の方向性を決めるに際して，業界内で成功するための要因および当社の競争優位性を活かすための視点を重視している。もちろん外部の事業環境も意識していないわけではない。最終的に戦略的オプションが妥当か否かを検証するためには，その市場が伸びるのか，競合企業の動きがどうなるのかを予測する必要があるが，発想の起点としては，「競争優位性を築けるかどうか」という点を意識している。

Before版の検討時に何を考慮すべきだったのだろうか。改善すべきポイントは何だろうか。

(3)　Before版の改善ポイント

まず改善ポイントの1つ目は，外部環境，内部環境の分析からすぐにとるべき方向性（解決策）が考えられており，How思考が垣間見える点である。Howの前にWhyが抜け落ちているのである。なぜ外部環境，内部環境に問題が生じているのか，自社の課題が何であるかという根本原因を考察したうえで，戦略的なオプションを絞り込む必要がある。そのうえで，選択された戦略的なオプションによって本当に優位性を確立することができるのかを検討し，最終判断することが望ましい。差別化要因や優位性の構築という観点から考察しても，とりうる戦略的なオプションには変化がない場合もあるが，想定していたオプションと全く異なっていたということもありうるため，必ず確認しておきたい。

改善ポイントの2点目は，優先度が高いオプションを列挙するにとどまり，ストーリーが欠如している点である。単に施策を並べるのではなく，時間軸を意識してそのつながりを考えなければならない。これらは，戦略的なオプションを網羅的に洗い出す際に陥りやすい罠である。各オプションを列挙するだけ

では，オプション間のつながりは生まれない。何を目指しながら，その戦略的なオプションを実行していくのか，ストーリーが分断されてしまっているのである。

①　業界の成功要因の定義に基づいて，競争優位性を明らかにする

After版では，今後どのようにして競争優位性を確立していくのかを検討するに際して，現状（の競争優位性に関する）分析を行っている。成功要因（KSF）を定義したうえで，自社と競合企業との比較を行い，大博照明の競争力の源泉がどこにあるのかを分析している。その結果，提案力やデザイン性が源泉になっていることがわかった。

②　空間への付加価値が高い設計会社への事業領域の拡大

大博照明は，その高いデザイン力によって顧客のニーズを満たしており，そのデザイン性こそが顧客にとっての付加価値（大博照明にとっての競争優位性）の源泉となっている。その競争優位性をより強化するために，さらに付加価値に対する寄与度が高い領域への進出を検討した結果，設計会社の事業分野が最も適した領域であると判断した。考え方としては，特定の産業における収益構造を表すスマイルカーブと同様である。スマイルカーブは，産業における製品のバリューチェーンにおける各段階の付加価値をカーブで表現したもので，上流（リサーチ＆デザイン，ブランディングなど）と下流（マーケティング，アフターサービス，販売など）では高い付加価値が期待できる一方，中流（製造）では競争が激しく，コスト削減が求められるため，付加価値も低くなるとされている。上流・中流・下流における付加価値を線で結ぶと「微笑む口元」のようなカーブを描くことになるので，スマイルカーブと呼ばれている。

設計会社の事業分野を進出領域とするのは，まさにバリューチェーンの上流をターゲットとし，高付加価値の実現を期待しているからである。

③　戦略オプションの評価軸に優先度をつける

設計会社領域への進出に関する方向性は定まったものの，なぜM&Aを行う必要があるのかという理由にはなっていない。この点，本事例の検討に際して

図表14-10　After版：業界の成功要因と大博照明の競争優位性

業界の成功要因と大博照明の競争優位性

受注型製品において顧客のニーズをくみ取る営業提案力や，それを実現するための設計・デザインについて競争優位性を有している。一方で，量産型については大手競合と比べると，成功要因を満たせていない。

A.受注型製品市場

	営業	設計	デザイン	材料調達	製造	納品・設置
大博照明	◎	○	◎	△	○	△
中小競合	△	○	○	△	△	△
大手競合	◎	○	△	◎	○	○

受注品製品市場におけるシェア獲得の成功要因は，①営業力・提案力と②デザイン力である

- ①営業力は，営業拠点や営業員の数による量と，顧客ニーズを的確にくみ取り提案に落とし込む提案力で決まる。
  ②デザイン性で他社より優れ，その優位性が認知されていることが重要である

大博照明の競争優位性の源泉は提案力，およびデザイン性

- 顧客のニーズを掴む提案力，かつニーズを実現しつつ，付加価値を提供できるデザイン性に強みを持つ。有名デザイナーとのコラボ実績もある。営業拠点数やブランドイメージの浸透に弱みを持つ

B.量産型製品市場

	市場調査	設計	デザイン	材料調達	製造	出荷・販売
大博照明	○	○	◎	△	○	△
中小競合	△	○	○	△	△	△
大手競合	◎	◎	○	◎	◎	◎

量産型製品市場におけるシェア獲得の成功要因は，③販売力と④コスト競争力であるが大博照明は十分に獲得できていない

- 量産型製品市場の成功要因は，③販売力であり，シェアトップ企業はチャネルカバー率が高いが大博照明は高くない
- 次に，重要な成功要因は④コスト競争力であり，調達面でのスケールメリットや高効率な生産ライン有無が重要となるが，大博照明は保有していない

◎：高　○：中△：低　🗝：成功要因　　　　：自社の強み

（出所：デロイト トーマツ ファイナンシャルアドバイザリー合同会社作成）

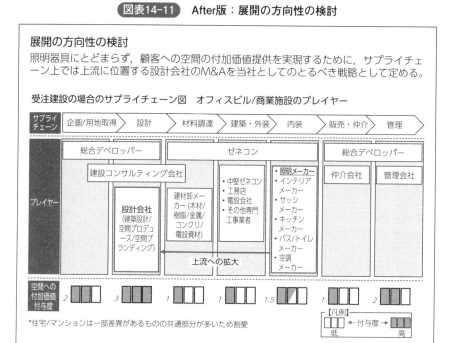

図表14-11 After版：展開の方向性の検討

（出所：デロイト トーマツ ファイナンシャルアドバイザリー合同会社作成）

は，スピードと買収後の自由度を重視した。事業環境が厳しい状況の中で，現状こそ業績を維持できてはいるものの，先行きは不透明であり，早めに手を打つ必要があるため，自らが設計分野も手掛けるオーガニック・グロース型の展開は難しいと判断した。また，異なる業種への参入になるために，自社の思い描いたビジョンを実現するためには経営の自由度という点を重視し，提携や他社とのJVではなくM&Aによる子会社化が望ましいという結論になった。

　Before版においても，新規事業への進出についてM&Aを用いて実施することを掲げているため，After版と結論としては同じである。しかし，Before版では「なぜ，M&Aなのか？」の検討が抜けている（正確には，実現に要する時間や自社リソースの充実度という軸で検討はしていたが，もう少し踏み込んでM&Aが望ましいという検討が必要である）。M&A自体が目的化する懸念が生じるため，実際のM&A戦略の策定時には留意したいポイントである。

図表14-12 戦略オプションの選択

戦略オプションの選択

顧客への空間の付加価値提供という戦略を実現するため，事業拡大のスピードと意思決定の自由度を中心に各オプションを比較検討した結果，子会社化が最有力のオプションと考えられる。

オプション	難易度	コスト	スピード	自由度	リスク	成果の大きさ
最有力 M&A（買収）	買収対象企業との合意が難しい	買収金額にプレミアムが付き，高価格になる可能性がある	ノウハウや商圏などのアセットを，比較的短期間に一挙に獲得できる	自由に経営判断を行うことができる	吸収合併と比較してリスクを遮断することができる	買収対象企業の過去の実績をベースにシナジーを乗せるため，一定の成果を見通せる
提携・アライアンス	M&AやJVと比較すると，パートナー企業との合意が易しい	M&Aと比較すると，負担するコストが小さい	M&Aと比較すると，事業拡大のスピード感に欠ける	パートナー企業の意向も踏まえて意思決定する必要がある	ノウハウ・技術が流出する可能性がある	パートナー企業の持つ外部リソースを活用できるため，一定の成果を見通せる
JV設立	パートナー企業との合意が難しい	M&Aと比較すると，負担するコストが小さい	M&Aと比較すると，事業拡大のスピード感に欠ける	パートナー企業の意向も踏まえて意思決定する必要がある	ノウハウ・技術が流出する可能性がある	パートナー企業の持つ外部リソースを活用できるため，一定の成果を見通せる
オーガニック	自社内で完結するため，資金・人材があれば容易である	自社での事業拡大・新規事業開発を見据えると，一定のCAPEXが必要となる	自社での事業拡大・新規事業開発を見据えると，一定の時間が必要となる	自社内で完結するため，自由度は高い	自社内で完結するため，リスク面で安全である	実現できる成果は想定より小さくとどまる可能性がある

◎：高 ○：中 △：低

（出所：デロイト トーマツ ファイナンシャルアドバイザリー合同会社作成）

④　買収候補に求める条件の洗い出し

　戦略的な方向性を検討する中で，設計会社の買収という選択肢を採用した。建設業において事業を拡大していくにあたっては，都市を開発するデベロッパーとの関係性がカギとなることは言うまでもないだろう。また，実績（トラックレコード）を持ち，有名なデザイナーを擁していることも条件である。さらには，業界内での知名度やブランド力を有する企業を優先的に考えている。事業規模は，売上高10〜100億円以上の企業を対象とし，比較的幅を持たせた条件としている。

図表14-13　After版：想定される買収対象企業

想定される買収対象企業（設計会社）
能力のあるデザイナーを有し，かつ知名度やデベロッパーとのコネクションを有している設計会社が買収候補として挙げられる。

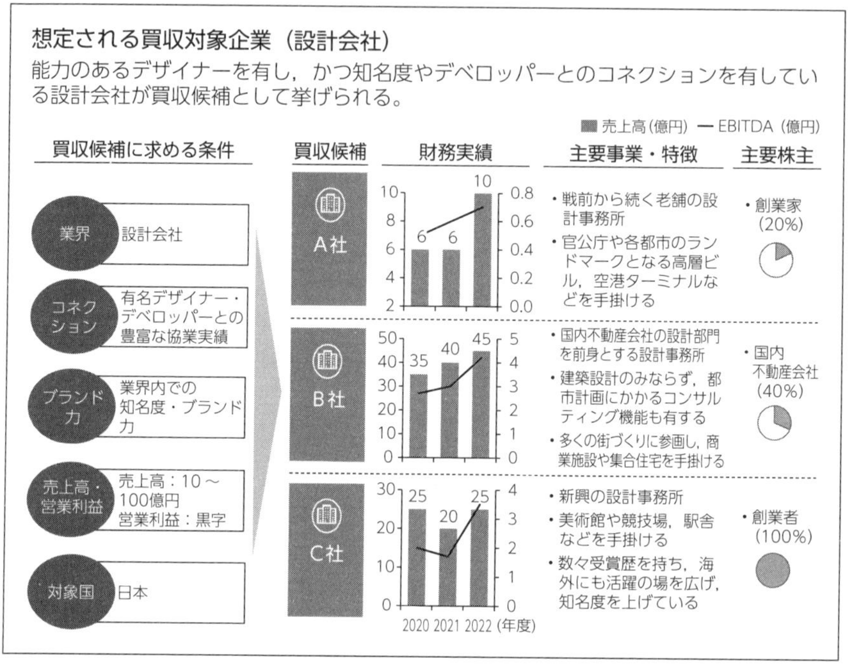

（出所：デロイト トーマツ ファイナンシャルアドバイザリー合同会社作成）

⑤　両社にとってのシナジーが実現できるか検討

　M&Aの実現可能性を高めるためには，買収対象企業からみたシナジーも検討しなければならない。そのため，当社の競争優位性を高める一方で，買収対象企業にもメリットをもたらすような買収を目指す必要がある。After版の「大博照明の目指すべきビジョン」（**図表14-9**）では，「選択と集中」，「提供価値の強化」という施策を前面に出している。これは，デザイン力を持つ企業との連携により，将来的な成長が期待できるというシナジーを強調し，M&Aの意義を確認できるようにするためである。そうした各施策を横串で説明するものが「目指すべきビジョン」であり，本書でも繰り返し説明してきた骨太のストーリーということになる。

　シナジー仮説は，対象とする企業によって変わる可能性がある。また，デスクトップ調査のみではシナジー仮説の精度にも限界がある。そのため，現段階

図表14-14　After版：想定されるシナジー仮説（初期的）

想定されるシナジー仮説（初期的）

買収対象企業へのシナジー効果として，当社の高い営業提案力やデザイン力を活かしつつ，顧客の相互集客やデザイナーの人材交流を行い，顧客への付加価値向上というシナジー効果を生み出す。

各社の強み	期待するシナジー効果
大博照明 ・顧客のニーズを引き出す営業・提案力 ・照明器具市場における高デザイン照明メーカーとしてのブランド ・IoTなどの新技術の活用 ・個人から法人に至るまでの幅広い顧客基盤 **買収対象企業** ・高デザインの設計力と豊富な設計経験 ・有名デザイナーやデベロッパーとのコネクション ・設計業界での高い知名度・ブランド力 ・大博照明の既存顧客とは異なる顧客基盤	<u>空間への付加価値提供</u> ・営業人員や顧客基盤，取引先や有名デザイナーとのコネクション共有による，設計事業や空間ブランディング事業などの**事業領域への拡大・一気通貫した事業展開** ・両社のデザイナーの交流やノウハウ共有によるデザイン力の向上による**提供付加価値の向上** ・両社のブランドのかけ合わせによる**強固なブランドの確立** ・両社の高い付加価値を武器にした価格競争からの脱却 ・買収対象企業が大博照明の営業・提案力や新技術を獲得することによる，上流のサプライチェーンでの商圏の拡大

（出所：デロイト トーマツ ファイナンシャルアドバイザリー合同会社作成）

では初期的な仮説として位置づけている。

4 | Before版とAfter版を踏まえた考察

(1) 同じ前提条件でM&A戦略を作り始めても結論に相違点がある

　Before版では，既存製品についても，国内での販売地域や製品ラインナップの拡大を目指す一方で，他領域や海外にも展開するという戦略を策定している。これに対してAfter版では，既存製品について，自社の強みを活かすという観点でまず「選択と集中」を実施，その後に新規事業への進出や中長期的に海外進出を目指すというビジョンを描いている。

　また，After版では，中長期的な競争優位性に着目し，まず提供する付加価

値をどう高めるかに注力する。その後に展開地域の拡大を計画する。競争優位が確保されない状態で展開地域を広げても勝ち目が薄いという発想である。一方で，Before版では国内市場の鈍化を受けて，成長性の高い地域でシェアを拡大していくという発想である。これは大博照明が非常にユニークな事業を行っていて，すでに競争優位性を確立しているという前提であれば，とりうる選択肢である。しかし，展開地域を広げたとして，すでにそこには大手の競合企業が進出しているのである。そこで，どのようにシェアを奪っていくのか，カギとなるのは結局競争優位性なのである。

　After版を検討する中で，大きな争点となったのが，経営戦略である。すなわち，どのような方向性を目指すのかである。経営戦略という1本筋が通ったストーリーに立ち戻って考えてみると，After版の「まず競争優位を確保してから地域展開が可能になる」という時間軸を意識した戦略オプションに落ち着いたのである。

　Before版は拡大志向が強く，After版は「選択と集中」を行ったうえで，慎重に事業展開を志向するという違いがある。どちらも戦略としてはありうる。自社が何を目指すのかによって判断が分かれてくるのである。その意味では，Before版には「目指すべきビジョン」の検討が欠落しており，判断軸すら決め切れていない点で，After版とは大きな違いがある。

⑵　(まとめ) M&A戦略の改善ポイント

　以上，Before版とAfter版，2つのM&A戦略を比較しながら，Before版に欠けているポイントを考察してきた。筆者の経験上，M&A戦略がこのBefore版の範疇にとどまっているケースは意外に多いので，自社の戦略の策定の際にはぜひ参考にしてほしい（もちろん，正しく，「良い」M&A戦略を策定されている企業も多いという点は念のため補足させていただく）。

　以下改善点をまとめると，まず外部環境，内部環境双方の分析は行っているものの，外部環境に対する危機感からなのか，自社の強みや置かれた状況を軽視してしまっている。したがって，自社の分析が不足し，戦略オプションを選定する際にも，そのオプションによって競争優位性を確立できるのか，具体的にどのように実現していくのかというストーリーが抜け落ち，戦略の説得力が

欠けている。

　また，目指すべきビジョンを検討しておらず，何のための戦略オプションな
のかがわからない状態になっている。そのため，各オプションの施策をどの順
で実行していけば，ゴールにたどり着くのかが考慮されていない。

　さらに，なぜその戦略オプションを選択したのかを，自社の一貫した経営方
針，経営戦略と紐づけて考えられていないため，各オプション間のつながりが
わかりづらい。結論は同じかもしれないが，その結論に至った理由を整理して
おくだけで，説得力は変わってくる。

図表14-15　Before版に関する主な改善点

1	・自社がどのように競争優位性を確立していくのかストーリーがない
2	・将来的に目指すべき姿（ビジョン）の設定（整理）がされていない
3	・時間軸を踏まえた戦略の組み立てになってない
4	・戦略オプションの優先順位のロジックが不明である
5	・買収における実現可能性の検討やシナジー案の検討がない

(出所：デロイト トーマツ ファイナンシャルアドバイザリー合同会社作成)

　なお，本演習は，なるべく実態に近づけるように努力をしているが，あくま
でも架空事例である。照明器具業界に詳しい方からすれば，違和感がある部分
も多々あるかと思うが，ご容赦いただきたい。

　また，本演習では，スポーツチームのM&Aのような特殊なケースは対象外
としているため，オーソドックスな内容になっている点もご容赦いただきたい。

第15章

ChatGPTによる M&A戦略策定

Summary （※）本章ではこのSummaryもChatGPTによって作成した。

　本章では，生成AIであるChatGPTを用いてM&A戦略の策定を試みた結果とその考察について述べられている。はじめに，ChatGPTのバージョン選択の理由として，GPT-4の回答の質の高さが挙げられている。具体的には，GPT-3.5とGPT-4の回答を比較した結果，GPT-4のほうが指示（プロンプト）に対して適切な回答をしていることが示されている。

—ChatGPTによる戦略策定の詳細な考察

　次に，ChatGPTが策定したM&A戦略に対する考察が行われている。一見，ChatGPTの回答は高品質であるように見えるが，詳細に精読するといくつかの違和感があることが指摘されている。主な理由として，戦略の背景や必要性に関するロジックが不十分であり，実現可能性や優先度の検討が不足している点が挙げられている。しかし，初回のプロンプトで詳細な指示が出されていなかったため，このような回答となったとの理解も示されている。

—戦略の合理性と優先順位の再評価

　さらに，ChatGPTの提案した戦略の合理性についての考察が続く。特に「ニッチ市場へのフォーカス」には一定の合理性があると評価されているが，提案された3つの戦略（ニッチ市場へのフォーカス，地域軸の拡大，テクノロジーの活用）の優先順位が明確でない点が指摘されている。そのため，優先度をつけるようなプロンプトを再度入力した結果，最も優先度が高いのは「ニッチ市場へのフォーカス」とされ，より合理的な戦略へと改善されたとの評価がなされている。

—ChatGPTの回答の再現性と結論

　ChatGPTは同じプロンプトを入力しても異なる回答をする可能性があるため，本書での回答結果に再現性がない点についての注意喚起がなされている。

　以上の内容を踏まえて，ChatGPTを用いたM&A戦略策定の試みは，一定の成功を収めつつも，さらなる精度向上が求められるとの結論が導かれている。

　第2章の着想コラム②「ChatGPT活用への考察」において記載したとおり，ChatGPTをはじめとする生成AIの活用については，様々な議論がなされている。そこで，本章では，実際にどのように活用できるのか確認するために，**第14章**で行った模擬演習をChatGPTによって行ってみたい。その結果，どのようなM&A戦略が出来上がったのか，本章にて紹介する。また，ChatGPTを用いて策定した戦略の内容の評価についても試みたい。

1 ▎前提条件

⑴　GPT-4を使用

　執筆時点で，ChatGPTは無償版のGPT-3.5，有料版のGPT-4が存在する。本章では，GPT-4を使用してM&A戦略の策定を行った。GPT-3.5とGPT-4の性能の違いについては様々な解説がなされており，本書の中であえて言及することはしないが，本章を執筆するに際して，双方を使用し比べてみたところ，GPT-4のほうが回答の質が高かった。

　実際に「経営戦略の理論を駆使して，ベンチャー企業の設立からその後の成長戦略まで考えてください。」という質問に対して，GPT-3.5とGPT-4それぞれの回答を比べてみたのが**図表15-1**である。生成AIブーム前の感覚からすれば，GPT-3.5の回答も十分驚くべきものではあるが，「経営戦略の理論を駆使して」という指示に対して，より適切だと考えられるのはGPT-4の回答である。

　そこで，本章においてはGPT-4を使用することとした。

図表15-1　GPT-3.5とGPT-4の比較

〈GPT-3.5〉

✦Default（GPT-3.5）

経営戦略の理論を駆使して、ベンチャー企業の設立からその後の成長戦略まで考えてください。

もちろんです。ベンチャー企業の設立から成長戦略までの一般的なアプローチを以下に示します。

1．ビジョンとミッションの明確化：
最初に、ベンチャー企業の創業者は、どのような価値を提供するか、どのような問題を解決するかといったビジョンとミッションを明確化します。これにより、企業の方向性が確定され、戦略の基盤が築かれます。

2．市場調査と競争分析：
次に、ターゲット市場を詳細に調査し、市場のニーズや競合他社を分析します。これによって、どの市場に進出すべきか、どのような競争優位性を持っているかを把握します。

3．独自の価値提案の開発：
企業が提供する製品やサービスにおいて、他社との差別化要因を見つけます。独自の価値提案を明確にし、顧客に対する魅力を高めます。

4．MVPの構築と検証：
最初は最小限の機能を持つプロトタイプ（MVP）を開発し、市場での受け入れ可能性をテストします。顧客の反応を収集し、製品やサービスの改善に活かします。

5．マーケットエントリー戦略：
市場での地位を確立するためのエントリー戦略を選択します。これには、価格戦略、販売チャネル、プロモーション戦略などが含まれます。

6．成長戦略の選択：
成長のペースと方法を選択します。一般的な成長戦略には、市場拡大、製品多様化、競合排除、合併・買収などがあります。選択する戦略は、企業の目標や市場の状況に基づいて決定します。

7．リソースの最適活用：

限られたリソースを最適に活用するための計画を立てます。資金調達、人材の確保、技術の開発など、成長に必要なリソースを確保します。

8．オペレーションとプロセスの最適化：

効率的なオペレーションとプロセスを確立し、コスト削減や生産性向上を図ります。これにより、成長ペースを維持しながら収益を最大化します。

9．顧客満足度の維持と拡大：

顧客との関係を築き、満足度を維持・向上させるための戦略を採用します。顧客のフィードバックを収集し、製品やサービスの改善に活かします。

10．持続可能な成長とイノベーション：

成長戦略を持続可能なものとし、市場の変化や新たな機会に適応するためのイノベーションを継続的に行います。

以上のステップを踏むことで、ベンチャー企業は設立から成長までの過程で成功を収める可能性を高めることができます。ただし、実際の状況に合わせて戦略を調整し、柔軟に対応することも重要です。

（出所：ChatGPT（GPT-3.5）より抜粋）

〈GPT-4〉

✦ GPT-4

 筆者
経営戦略の理論を駆使して、ベンチャー企業の設立からその後の成長戦略まで考えてください。

ベンチャー企業の設立から成長戦略までを構築するには、多岐にわたる経営戦略の理論が必要です。以下、段階ごとに戦略を説明します。

1．事業アイデアの発見とビジョンの確立

SWOT分析

- Strengths（強み）：何を得意としているのか
- Weaknesses（弱み）：どのような弱点があるのか
- Opportunities（機会）：市場でどのような機会があるのか
- Threats（脅威）：競合他社や市場の変動など、どのような脅威が存在するのか

２．ビジネスモデルの構築

ビジネスモデルキャンバス

- **顧客セグメント、価値提案、チャネル、顧客関係、収益構造、主要リソース、主要活動、主要パートナーシップ、コスト構造**などを明確に定義。

３．市場分析

ポーターの５フォース分析

- 業界の競争構造を分析し、市場での競り合いにどう対処するか戦略を立てる。

４．事業戦略の策定

ポーターの三つの戦略

- **コストリーダーシップ**：コストを最小限に抑える
- **差別化**：ユニークな製品やサービスを提供
- **集中戦略**：特定のニッチ市場への集中

５．プロダクト開発

最小実行可能製品（MVP）

- 最小限の機能で製品を開発し、市場の反応を測る。

６．企業成長の戦略

アンソフの成長マトリックス

- **市場浸透、市場開発、製品開発、多角化**などの戦略を用いて成長を促進。

７．継続的なイノベーション

オープンイノベーション

- 社外のアイデアや技術を活用し、イノベーションを推進。

８．組織文化とリーダーシップの構築

トランスフォーメーショナルリーダーシップ

- 従業員の成長を促し、企業文化を育てる。

このように、ベンチャー企業の設立から成長戦略まで、各段階において様々な経営戦略の理論を活用することができます。市場の動向や競合他社の戦略、自社のリソースとビジョンに応じて、これらの戦略を柔軟に組み合わせて実行することが求められます。

（出所：ChatGPT（GPT-4）より抜粋）

(2)　プロンプトの入力形式

　また，プロンプト（指示文）の出し方によっても回答が変わってくるため，本章では，初回のプロンプトは深津式プロンプト・システムと呼ばれる形式（**図表15-2**）を使用している。

図表15-2　M&A戦略策定に使用したプロンプト

> 筆者
>
> #命令文：
> あなたはプロのコンサルタントです。
> 以下の制約条件と入力文をもとに最高のM&A戦略を作ってください。
>
> #制約条件：
> 競争優位性を構築できる戦略としてください。
> 効果が期待できる、実現性のある戦略としてください。
> 結果は表でまとめてください。
>
> #入力文：
> 国内照明器具メーカーによるM&A検討。　福岡県北九州市に拠点を有する照明器具メーカーの大博照明株式会社は1980年に設立され、2000年以降は年平均3～4％の売上成長率を達成している。創業者である東松社長はデザイン会社出身ということもあり、顧客に対してデザイン性が優れた、高品質、高付加価値の商品を提供することを経営の方針としてきた。しかしながら、将来的に国内で既存事業のみで成長を続け、利益率を確保するのが難しいことは大博照明株式会社の経営陣もわかっていた。また、大手企業が大半のシェアを占め、部材調達のスケールメリットを享受しており、価格競争では勝ち目はなかった。さらに大手企業にはブランド力もあり、大博照明株式会社は広告宣伝に掛ける潤沢な資金はなく、戦略として大手企業とは別路線で戦う必要があった。そのため、真っ向から大手企業とは戦わず、デザイン力の強みを活かし、照明事業を中心に新規事業の立案や地域軸の拡大を行っていくというのが会社としての方針であった。大博照明のM&A戦略を作ってください。
>
> #出力文：

（出所：ChatGPT（GPT-4）より抜粋）

2 │ ChatGPTが作成したM&A戦略への考察

　巷間でChatGPTの凄さが語られているが，**図表15-3**の回答からも理由が納得いくところである。プロンプト内の入力文に書いている内容を理解したうえでM&A戦略に結び付けているようにみえる。とうとうシンギュラリティを迎えたのかと思ってしまうほどの回答の質である。

　しかしながら，回答内容を精読し，深く考察すると，いくつかの部分に違和感がある。その主な理由は，戦略を策定した背景やその必要性に関するロジックが不十分であり，実現可能性や優先度の検討が不足していることである。ただし，最初のプロンプトで詳細な指示を出していなかったため，この回答に詳細な検討が含まれていないのは理解できる。そこで，いくつかの観点からChatGPTに追加のプロンプトを与え，深掘りしてみたい。

図表15-3　ChatGPTが作成したM&A戦略

 以下のようなM&A戦略を大博照明株式会社に提案します。

1. **ニッチ市場へのフォーカス**：デザイン性が高い、高品質、高付加価値商品を提供することを経営の方針としてきた大博照明が、更に特化したニッチな市場に焦点を当てる。この市場は大手企業による競争が比較的少なく、デザイン性の高い商品が求められる場所である。
2. **地域軸の拡大**：地域軸の拡大はすでに会社の方針として明記されています。そのため、これを実現するためのM&A戦略を取る。具体的には、地域的に広がりを持ち、大博照明のデザイン力を活用できる企業との組み合わせを探す。
3. **テクノロジーの活用**：技術革新により、照明業界も変化しています。そのため、LED技術やスマートホーム技術などを提供できる企業とのM&Aを模索し、新規事業の立案を行う。

以下に提案した戦略を表形式でまとめます。

戦略	内容	狙い
ニッチ市場への フォーカス	高デザイン性を活かしたニッチ市場に焦点を当てる	大手企業との直接競争を避け，高付加価値商品を活かす
地域軸の拡大	地域的に広がりを持ち，大博照明のデザイン力を活用できる企業とのM&Aを行う	地域的な多様性を享受し，大博照明のデザイン力を最大限に活用する
テクノロジーの活用	LED技術やスマートホーム技術を提供できる企業とのM&Aを模索	照明業界の技術革新に対応し，新規事業の立案を実現する

（※）ChatGPTは全く同じプロンプトを入力してもその都度回答が変わってくるため，本書で記載した回答結果
　　に再現性がない点はご留意いただきたい。
（出所：ChatGPT（GPT-4）より抜粋）

(1)　プロンプトの内容が適切でないと，ロジックが不明確になる

　第6章で無謀にレッドオーシャンでの戦いに参入する危険性を指摘したが，高デザイン性という強みを活かした「ニッチ市場へのフォーカス」については一定の合理性がある。汎用製品に比べると大手企業による競争が比較的少なく勝ち筋があるというのは確かに一理ありそうだ。

　ただし，「ニッチ市場へのフォーカス」，「地域軸の拡大」，「テクノロジーの活用」という3つの戦略には優先順位がなかったため，どのように戦略を実行していけばよいかについては不明である。そこで，次に優先度をつけるようにプロンプトを入力してみた（**図表15-4**）。その結果，最も優先度が高いのは「ニッチ市場へのフォーカス」とされており，より合理的な戦略へと改善されたように見受けられる。

図表15-4　ChatGPTの戦略の優先度に関する回答

 筆者　提案して頂いた戦略に優先度をつけてください。

　以下のように提案戦略の優先度をつけます。

　　1. **ニッチ市場へのフォーカス**：既に高品質、高デザイン性という強みを持っている大博照明株式会社が、その強みを最大限に活かせるこの戦略は最優先とします。

2．**地域軸の拡大**：既に会社の方針として掲げられており、その実現可能性が比較的高いため、この戦略は次点とします。

3．**テクノロジーの活用**：照明業界の変化に対応するために必要な戦略ではありますが、大博照明株式会社がテクノロジー分野での経験や知識を持っていない場合、実現には時間とリソースが必要となるため、この戦略は最後とします。

以下に提案した戦略を優先度順に表形式でまとめます。

優先度	戦略	内容	狙い
1	ニッチ市場へのフォーカス	高デザイン性を活かしたニッチ市場に焦点を当てる	大手企業との直接競争を避け，高付加価値商品を活かす
2	地域軸の拡大	地域的に広がりを持ち，大博照明のデザイン力を活用できる企業とのM&Aを行う	地域的な多様性を享受し，大博照明のデザイン力を最大限に活用する
3	テクノロジーの活用	LED技術やスマートホーム技術を提供できる企業とのM&Aを模索	照明業界の技術革新に対応し，新規事業の立案を実現する

(出所：ChatGPT（GPT-4）より抜粋)

　とはいえ，ニッチ市場の重要性はわかるものの，「どのニッチ市場を指しているのか？」という具体性には欠ける。そこで，ChatGPTに「ニッチ市場へのフォーカスは具体的にどのように行えばよいのか」と，追加で質問してみると，ニッチ市場の特定については「マーケットリサーチが必要」という回答が返ってきた（**図表15-5**）。何度か追加質問をして，明確な回答を得ようとしたが，具体化には限度があることがわかった。より具体的な条件や調査情報を入力しない限り，具体的なプランを答えさせるのは難しいようである。これはChatGPTの問題なのではなく，プロンプトを入力した側の情報の与え方に原因があると考えられる。

　なお，通常のM&A戦略策定のプロセスでは，マーケットリサーチを実施して，どの分野に参入余地があるかを検討した後に，「ニッチ市場へのフォーカス」という戦略的なオプションが出てくる。しかし，ChatGPTは，（そもそもマーケットの情報を十分に与えていないという制約もあるが）そのプロセスがないままに，最初から「ニッチ市場へのフォーカス」という結論ありきの回答が作成されるため，実現可能性に乏しい戦略になる可能性もある。その結論に

至るまでのロジックを補強することなく，安易に採用してはならないだろう。

図表15-5 具体的な内容に関する深掘り

 ニッチ市場へのフォーカスは具体的にどのように行えばよいのか、実現の難易度についてどのように考えれば良いでしょうか。

ニッチ市場へのフォーカスは、特定の顧客群や特殊な製品ニーズに特化した戦略を意味します。大博照明株式会社の場合、そのデザイン力と高品質な製品を活かして、以下のようなステップでニッチ市場へのフォーカスを行うことが考えられます。

1. **ニッチ市場の特定**：特定の業界、地域、消費者層、あるいは特殊な製品ニーズを持つ市場など、自社の強みを最大限に活かせるニッチ市場を探します。この段階では、マーケットリサーチが必要となります。
2. **製品開発・サービス提供**：特定したニッチ市場に合わせた製品やサービスを開発します。これは、新たな製品開発だけでなく、既存製品のカスタマイズや、特定の顧客群に向けたマーケティング活動なども含みます。
3. **市場浸透**：特定したニッチ市場でのプレゼンスを強化します。これは、マーケティング活動、販売チャネルの強化、顧客との深い関係構築など、さまざまな手段で行うことができます。

この戦略の実現には一定の困難が伴います。ニッチ市場はその定義上、規模が小さく、従ってその市場だけで大きな利益を上げることは難しいかもしれません。また、ニッチ市場はしばしば高度に競争的であり、その市場に特化した競合他社が存在する可能性もあります。

一方で、ニッチ市場へのフォーカスは、大博照明株式会社がその独自のデザイン力と高品質な製品を最大限に活かすことができ、高い付加価値を提供することが可能です。さらに、ニッチ市場はしばしば大手企業にとっては見過ごされがちな市場であるため、適切にアプローチすれば競争を回避し、高い利益率を達成する可能性もあります。

(出所：ChatGPT（GPT-4）より抜粋)

⑵　ChatGPTへの追加質問は難しい

　ChatGPTは，プロンプトに入力した内容に基づいて回答を行うため，深掘りしていく質問が難しい。「ニッチ市場へのフォーカス」について，どの程度

のポテンシャルがあるのか不明であるため追加質問をしたところ，的を射ない回答が多くなった（**図表15-6**）。入力文に市場規模や競合状況等の諸条件を入れると，より具体的な回答が得られると想定されるが，そうした詳細な前提条件なしではChatGPTは機能しない。ただ，そもそも人間が戦略を策定する場合も，そのような諸条件なしでまともなロジックを構築することは難しいので，ChatGPT固有の問題とは言い切れない。深津式プロンプト・システムに従って「このタスクで最高の結果を出すために，追加の情報が必要な場合は，質問をしてください」と入力すれば，市場規模の情報が必要等と追加すべき情報が指示され，指示された内容の情報を入力すると回答内容がブラッシュアップされていく。したがって，プロンプトの出し方が回答の質に大きな影響を与えることになる。

図表15-6　深掘りの質問への回答

ニッチ市場の規模はどのぐらいあるのか，なぜ大博照明がフォーカスした方が良いのか教えてください。ニッチなので，参入しても大きな売上には繋がらないと思いますが，大博照明がニッチ市場に参入してどれぐらい売上高を稼げると思われますでしょうか。

ニッチ市場の具体的な規模は、その市場がどのように定義され、どの地域をカバーしているかに大きく依存します。例えば、「ハイエンドレジデンシャル照明市場」は一般的な照明市場よりもはるかに小さいでしょうが、高価格帯であるため、その絶対的な規模が小さいとは限りません。

また、大博照明がニッチ市場に焦点を当てることの主な理由は、その市場に参入することによって達成できる可能性のある利益率と、大手企業との直接競争を避けることができる点にあります。ニッチ市場はその定義上、消費者が特別なニーズを持っており、特定の製品やサービスに対する価値認識が高いため、しばしば高い利益率を達成することが可能です。

大博照明がニッチ市場に参入してどの程度の売上を達成できるかは、多くの変数に依存します。これには市場の具体的な規模、同社の製品がどの程度市場のニーズに対応しているか、同社のブランドや製品がどの程度市場に認知されているか、等が含まれます。また、大博照明がニッチ市場にどの程度のリソースを投資するかによっても、その売上は大きく変動するでしょう。

ただし、重要な点として、ニッチ市場の戦略は必ずしも大規模な売上を追求するものではなく、高い利益率と持続可能な成長を追求することが多いです。そのため、大博照明がニッチ市場に参入することで得られる利益は、大規模な市場での売上とは必ずしも比例しないということを理解しておくべきです。

(出所：ChatGPT（GPT-4）より抜粋)

(3)　ChatGPTへのプロンプトの出し方に留意が必要

　また、「設計会社のように、より高い付加価値を提供可能な事業領域を拡大するというアイディアのほうがよいのではないか」と質問をすると、否定されることなく、基本的には採用される。その結果、設計会社のM&Aが最も戦略の優先度が高いという形に変更され、ChatGPTによる戦略は最初のものとは全く異なるものとなってしまった。ChatGPTにとって結論に至るロジックは代替可能であり、他のアイディアが出てくると、それに従う。良くも悪くもビジョン（思想）がない。もっとも、ビジョンをChatGPTに求めるのもおかしな話である。

図表15-7　議論結果を踏まえてのM&A戦略のまとめ（設計会社の買収を提案時）

筆者	これまで議論してきたことを表にして、M&A戦略としてまとめてください。

M&A戦略	説明	メリット	デメリット	シナジー
1．設計会社のM&A	設計力を内部化し、独自のデザイン性を強化	デザイン力の強化、製品開発の効率化・スピードアップ、ブランドイメージの強化	企業文化の統合や人事問題など、M&Aの過程での課題	デザイン能力の強化、製品開発の効率化・スピードアップ、ブランドイメージの強化
2．地域軸の拡大（国内）	地域密着型の事業を強化し、地域ブランドを活用	ローカルに根ざした高品質な商品を提供でき、顧客ロイヤリティを獲得	地域に依存するリスク（経済変動、自然災害など）	地域密着型ビジネスの強化、ローカルブランドの利用

3. 地域軸の拡大（海外）	海外の新興市場へ進出	新規顧客の獲得、市場の拡大、売上の増加	言語、文化の違いの理解、市場リサーチのコスト	新市場へのアクセス、グローバルブランドイメージの強化
4. 関連多角化	既存の製品や市場と関連性のある新たなビジネス領域へ進出（例：インテリアデザインや家具製造）	ビジネスの多様化、リスクの分散	経営資源の分散、新市場への理解と適応	新たなビジネス領域へのアクセス、製品ラインの多様化
5. 非関連多角化	新しいビジネス領域に進出	ビジネスの多様化、新規市場の開拓	経営資源の分散、新市場への理解と適応が難しい	新たなビジネス領域へのアクセス、事業リスクの分散

（出所：ChatGPT（GPT-4）より抜粋）

⑷　非現実的なオプションもプロンプト次第で組み込んでしまう

　最後に，実験的な検証を行ってみたい。ChatGPTに対して，現実にはとり得ない選択肢について意見を求めてみることにする。

　たとえば，ChatGPTに「デベロッパーの買収もありうるのでは」とプロンプトを入れると，とりうる選択肢として採用された。設計会社からさらに上流の不動産デベロッパーへの進出は，規模や事業形態の観点から，照明器具とはかけ離れたものになるため，非現実的である。さらに実験的に，「食品会社のM&Aもオプションとしてありうるのではないか」と入力したところ，これも否定されることなく戦略オプションに組み込まれた。

　通常，照明器具メーカーが食品会社を買収するということはあり得ないだろう。ただ，非現実的とはわかってはいても，照明と食品がライフスタイルに関わるものとして括られているなど，うまく組み込んでいるなと感心するところである。戦略をゼロベースで考えるという意味では，非常識なアイディアをぶつけてみるのも，面白い試みである。

図表15-8　表での整理スライド（デベロッパーや食品会社の買収を提案後）

　今までの議論をまとめてM&A戦略として表で整理してください

以下に、議論を反映してM&A戦略をまとめた表を作成しました。

M&A戦略	説明	ニッチ市場へのフォーカス	優先度
1. 設計会社のM&A	設計力を内部化し、独自のデザイン性を強化	ニッチ市場の顧客に特化した高品質で独特なデザインの照明製品を提供し続ける	1
2. 関連多角化	既存の製品や市場と関連性のある新たなビジネス領域へ進出（例:インテリアデザインや家具製造）	照明デザインにマッチした製品（例：インテリアや家具）を展開し、特定のニッチ市場に更に深く進出	2
3. 地域軸の拡大（国内）	地域密着型の事業を強化し、地域ブランドを活用	ニッチな地域市場に特化し、地域ブランドの構築を通じて競争力を高める	3
4. デベロッパーのM&A	新築・リノベーション物件に自社製品を展示し、新たな販売チャネルを開拓	新築・リノベーション市場というニッチ市場に特化し、新たな顧客層を開拓する	4
5. 地域軸の拡大（海外）	海外の新興市場へ進出	海外の特定のニッチ市場を対象とすることも可能だが、その場合、文化や消費者ニーズの理解が必要	5
6. 食品会社のM&A	新たな市場への進出と、ライフスタイル提案型のビジネスモデルの実現	照明と食品というライフスタイル要素を組み合わせた新たなニッチ市場の開拓が可能	6
7. 非関連多角化	新しいビジネス領域に進出	新しいニッチ市場への進出が可能だが、大きな投資と高いリスクを伴う	7

（出所：ChatGPT（GPT-4）より抜粋）

(5)　M&A戦略の核となるビジョンを考えるのも，判断するのも人間

　ChatGPTが出してくるアイディア自体は面白く，しかもそれを数秒〜20秒程度でアウトプットしてくるわけであるから，すさまじい技術であることは間違いない。また，ここまでロジックの甘さ等を指摘したものの，そもそも入力された情報をもとにChatGPTは戦略を組み立てるため，いかに正確でわかり

やすいプロンプトを記載できるかが良い回答を得るためのポイントとなる。

　そのため，決まっているのが戦略の大枠だけで，内容が詰め切れていないような状態で，ChatGPTを活用し，出力された回答に従って検討を進めるのは，リスクが高いと思われる。

　上記の例では，ChatGPTの当初の回答に設計会社の買収を行うという戦略オプションはなかった。またその前提としての会社のビジョンもChatGPTが示してくれるものではない。つまり，そうしたビジョンや（設計会社というオプションを選択する）背景情報をChatGPTにプロンプトとして与えて反映させる必要があることがわかった。

　ChatGPTは，目の前の選択肢と他の選択肢を選んだ場合の違いをすべて漏れなく網羅的に検討して結論を導き出しているわけではないため，ChatGPTをキャッチボールの相手として，アイディアに漏れがないかを確認したり，戦略の初期的なたたき台を作成したりする用途で活用するのがよいのではないだろうか。

　また，似たようなプロンプトであっても命令文や制約条件の文章を少し変えるだけで，結論が変わってくるのもChatGPTの特徴である。本章を執筆するにあたり，何度か試行錯誤しながらプロンプトを入力したが，プロンプトが一言一句同じであっても結論は毎回違うという点にも気づいた。我々人間であれば多少の指示が変わったとしても結論はそう変わらないだろう。ところが，ChatGPTの場合は結論が変わるのである。これは，とりうる選択肢とは本来無限とまではいわないまでも，複数あることを示している。ただ，人間であれば実現可能性やこれまでの背景情報を汲み取ったうえで判断するので，指示が同じであれば，ほぼ同じ結論にたどり着くのである（人が違えば，結論は異なる）。

　M&A戦略策定は，社内の合意形成のプロセスの一環でもあり，なぜその結論に至ったのか，当社としてなぜその事業領域に出ていかなければならないのかなど，ロジックを積み上げていくことが非常に重要である。これはまさに人間しかできないことである。上記でいえば「実現できるのかできないのか」，「自社はこうあるべきだ」ということを最終的に判断するのは人間である。人間は，いくつかの選択肢の中からどれが自社が進むべき道なのかを判断するこ

とができる。それはChatGPTで代替することはできないし，するべきでもないだろう。

　なぜするべきではないのかは明白である。戦略の背景を説明するときに，「ChatGPTがこのように考えました」などと説明したところで，だれが納得するだろうか。戦略の根拠を，我々のようなコンサルタントが顧客に説明する場合，買収企業内で戦略策定担当者が他のメンバーに説明する場合，買収企業が買収対象企業に説明する場合，どのような場面でもそのような説明が受け入れられることはないだろう。ChatGPTには自らのアイディアに対するこだわり，熱い情熱はない。ひとたび否定すれば，手のひらを返したようにアイディアを変更してくるが，もしも人間が同じように振る舞えば，最悪の場合，それまで築き上げた信頼を失うことになる。人間と異なり，ChatGPTは与えられたプロンプトの範囲内でとりうる合理的なオプションを提示しているだけだからである。

　意見がコロコロと変わるとしても，プロンプト次第では数多くの戦略的オプションを提示してくれる。自らのアイディアに抜け漏れがないかなどと，参考にすることは有用である。しかし，あくまでもプロンプト次第であり，適切なプロンプト（追加質問）を行うためには，M&Aや戦略のリテラシーが求められる。ChatGPTをうまく使いこなせるかどうかは結局のところプロンプトを入力する人間次第であり，さらに意思決定はあくまでも人間の判断や情熱の土台に成り立つという結論に誰も異論はないだろう。当然のことながら買収の実現可否まではChatGPTでは判断できない。

　なお，本章の冒頭でも言及したとおり，今回はGPT-4を使用し，M&A戦略の策定を試みた。GPT-3.5に比べGPT-4のほうが回答の質が高いことはすでに述べたが，さらに明確な違いは，買収対象企業の企業名を掲示させるように指示をした際に，GPT-3.5の場合は個別企業名は出せないとの回答が返ってくる一方で，GPT-4の場合は2021年9月までの情報であるという前提付きで，個別企業名まで挙げて回答が行われる点である。ただし，例示として挙がってくる企業名は指示のたびに変わるため，なぜその企業を掲げたのかというロジックは不明瞭である。この点，プラグイン機能を用いて，企業データベースを読

み込ませたうえで，同様の指示を出せばどうなるのかなど，さらに研究の余地はありそうである。

3 ┃ 小　括

　ChatGPT（GPT-4）でのM&A戦略の策定については一部批判的な記述も多くなってしまったが，決してテクノロジーを批判するものではなく，適所で活用していくことが望ましい。文書タイトル案の生成，議事録の要約，翻訳等々，ChatGPTを活用できる幅は広く，業務の効率化に役立つことは間違いない（なお，明記したとおり，実験的な試みとして，本章のSummaryはChatGPTを活用して作成している）。もちろん機密情報に当たる情報は使用しないことが前提であり，これが大きな制約にはなりうる。テクノロジーは日進月歩で進化していくものであり，本章の記述も数年後，いや数か月後には全く異なる結論となることも考えられる。

> ### 💡 着想コラム⑩　身近なところから発想のヒントを得る
>
> 　戦略にはアイディアが必要である。新しい戦略を考える際に，新しい発想を組み込むことが差別化の一要素になってくる。
> 　それではどうすれば新しいアイディアが生まれてくるのか。その1つに，身近なところから発想のヒントを得るという方法がある。身近で成功しているようなものや，新たに取り入れられているものを観察するというシンプルなものである。単に観察するのではなく，その成功しているものや新しいものが，どのような価値を生み出しているのかという観点で観察をするのがポイントである。
> 　たとえば，最近のコンビニでは，淹れたてのコーヒーが買えたり，イートインのスペースで購入した商品を食べることができたりするが，これらはどのような価値を顧客に提供しているといえるだろうか。そうすると，コンビニが喫茶店やレストランと同じような価値を従来のコンビニのサービスに付加して提供しているという考え方ができる。非常に便利なサービスで，多くの顧客に利用されている。このように，自社のサービスに何か新しい価値を加えることで競争優位性を

強化することができないかという観点で考えてみると，何か新しい発想が得られる可能性がある。

　私自身海外駐在の経験からも発想が得られることがあった。日本は新興国と比べると技術やサービスで優れている面も多いが，実はすでに海外の新興国に追い抜かれているようなサービスもあるのだ。私は，３年半ほどタイのバンコクに駐在していたが，タイには日本にはない便利なサービス，日本にもあると良いのにと思わせられるサービスがある。たとえば，電車を例に挙げると，MRT（Mass Rapid Transit）の改札はクレジットカードで通ることができるし（日本でも一部路線は実施済み），財布を忘れたときには銀行アプリのQRコード決済で切符が買えたりする。タイに限らず，他の国にも当然あるだろう。海外で流行していて，日本ではまだ取り入れられていないサービスを知ること，そしてそれを日本で普及させるためにはどうしたらよいのかを考えてみるのも有効な手段である。

　また，単にアイディアを輸入するのではなく，日本の既存のサービスと組み合わせてみるという考え方も，新たな付加価値を考えるうえでのヒントになるかもしれない。海外で成功していても，日本の法令や慣習上実現が難しいサービスもありうる。そこで，日本の商習慣に合わせてカスタマイズをしてみると，新しいアイディアが生まれてくることもある。

　もちろん海外に限った話ではない。東京などの大都市のサービスを地方に持ち込むとか，その逆もありうる。観光地で気がつくこともあるだろう。自分の家族特有の習慣や自分の癖さえもヒントになる可能性がある。身近なところに「違い」は溢れている。その違いから新たなアイディアが生まれてくる可能性がある。

用語集

用語	名称（英語）	略称	用語説明
貸借対照表	Balance Sheet	BS	企業の一定時点における資産，負債，純資産の状況を表すもの
BtoB	Business to Business	B2B	企業から企業に対して行う企業間の取引のこと
BtoC	Business to Consumer	B2C	企業から個人（消費者）に対して商品やサービスを提供する取引のこと
CEO	Chief Executive Officer	CEO	「最高経営責任者」と訳され，企業の経営方針を決定し，事業活動の責任を担う役職のこと
CFO	Chief Financial Officer	CFO	「最高財務責任者」と訳され，企業の財務活動に関する責任を担う役職のこと
クロージング	Closing	―	M&A実行フェーズにおける最終段階であり，契約締結や対価の支払等を行う
CSR	Corporate Social Responsibility	CSR	企業は利益追求のみでなく，社会の一員として，社会課題解決に貢献すべきであり，企業が果たすべき社会的責任を指す
CVC	Corporate Venture Capital	CVC	事業会社がベンチャー企業への投資を目的として設立したファンドのこと
CSV	Creating Shared Value	CSV	「共有価値の創造」と訳され，自社の利益追求と社会問題解決の両立を目指す考え方のこと
DCF法	Discounted Cash Flow model	DCF	将来的に生み出されるキャッシュフローを現在価値に割り戻して企業価値を求める手法
EBITDA	Earnings Before Interest, Taxes, Depreciation and Amortization	EBITDA	利払い前，税引き前，減価償却前の利益を指し，税率や利払い，減価償却に係る会計上の取扱いに起因する相違等を除外して業績を評価するための指標となる
ESG	Environment Social Governance	ESG	環境（Environment），社会（Social），ガバナンス（Governance）の頭文字であり，持続可能な社会の実現に向け，企業が配慮すべき3つの観点

エグゼキューション	Execution	—	M&Aに関わる手続の実施を意味しており，買収対象企業を発掘するまでをオリジネーション，その後のM&Aプロセスの実行をエグゼキューションと呼ぶ
ファイブフォース分析	Five Forces Analysis	—	業界分析に用いるもので，5つの要因である①業界内の競争，②新規参入の脅威，③代替品の脅威，④売り手の交渉力，⑤買手の交渉力の観点から分析するフレームワークのこと
インフォメーション・メモランダム	Information Memorandum	IM	買収対象企業に関する基本的な情報が記載されている資料のこと
In-In	In-In	—	国内企業（In）による国内企業（In）のM&Aを指す
In-Out	In-Out	—	国内企業（In）による海外企業（Out）のM&Aを指す
主要購買決定要因	Key Buying Factor	KBF	顧客が購買を決定する際の主要な要因になるもの
重要業績評価指標	Key Performance Indicator	KPI	目標達成度合いを管理するための指標のこと
成功要因	Key Success Factor	KSF	業界内で勝ち残るために必要な要因のこと
意向表明書	Letter of Intent	LOI	買収企業が買収対象企業に対して買収の意向を示すために用いられる書面を指しており，価格条件，買収スキーム等のM&Aに関わる条件の概要が記載される
基本合意書	Memorandum of Understanding	MOU	M&Aに関わる条件が記載されており，デューデリジェンス実施前に締結するため法的拘束力の範囲は守秘義務，独占交渉権になるのが一般的である
M&A	Mergers and Acquisitions	M&A	統合（Merger）と買収（Acquisition）の頭文字であり，企業活動の支配権獲得を目的とした資本の移動に伴う企業の合併・買収を指す

マイルストーン	Milestone	—	プロジェクトの過程における重要なイベントになる時点のこと
MECE	Mutually Exclusive and Collectively Exhaustive	MECE	「モレなく，ダブりなく」という意味で，読み方は「ミーシー」
秘密保持契約書	Non-Disclosure Agreement	NDA	M&Aプロセスの中で受領する情報に関する守秘義務の範囲を定める契約書のこと
Out-In	Out-In	—	海外企業（Out）による国内企業（In）のM&Aを指す
PEST分析	Pest Analysis	—	市場環境を政治的要因(Politics)，経済的要因(Economics)，社会的要因(Social)，技術的要因（Technology）の観点から分析するフレームワークのこと
ポストM&A	Post-M&A	—	M&A実行フェーズの後工程であり，M&A成立後の統合プラン策定や組織・ガバナンス設計等の統合プロセスを指す
PMI	Post Merger Integration	PMI	最終契約締結後における買収先との統合プロセスや作業
プレM&A	Pre-M&A	—	M&A実行フェーズの前工程であり，M&A戦略策定，ロングリストやショートリスト作成，候補企業の絞込み等を行うフェーズを指す
損益計算書	Profit and Loss Statement	PL	企業の会計期間における収益と費用の状況を表すもの
プロジェクト・マネジメント・オフィス	Project Management Office	PMO	プロジェクトの全体管理を行うチームのことを指しており，エグゼキューションやPMIの中でPMOが設置されるケースがある
RBV	Resource-based View	RBV	企業が保有する４つの経営資本（人的資本，物的資本，財務資本，組織資本）を活用し，他社との差別化戦略の構築を図る考え方

RCA	Root Cause Analysis	RCA	根本原因分析のことで，なぜを繰り返すことで，問題点や事象の原因を特定する手法（別名：なぜなぜ分析）
SROI	Social Return on Investment	SROI	社会的投資収益率のことで，社会貢献の価値を定量評価するための手法
SCP	Structure Conduct Performance	SCP	業界構造（Structure），企業行動（Conduct），企業業績（Performance）の相関関係に基づく理論であり，自社の優位性を高めることで，自社が属する戦略グループ内のプレイヤーを少なくし，独占市場の構築を図る戦略の考え方
サプライチェーン	Supply Chain	—	原材料調達から製造，加工，物流，販売の流れのことを指す
SDGs	Sustainable Development Goals	SDGs	持続可能な開発目標。持続可能でよりよい世界を目指すための国際目標であり，17ゴール・169ターゲットにて構成
スイッチング・コスト	Switching cost	—	現在使用している製品やサービスから新たなものに切り替える際に生じるコストのことで，金銭的，心理的，物理的なコストに区分される
SWOT分析	SWOT Analysis	—	分析フレームワークの1つで企業の強み（Strength），弱み（Weakness），機会（Opportunity），脅威（Threat）の観点から分析するもの
ターゲット・スクリーニング	Target Screening	—	プレM&Aのプロセスの1つであり，買収対象企業を選定することを指す
バリュエーション	Valuation	—	M&Aにおいては，企業価値評価を指し，買収対象企業の買収金額の算定を行う
バリューチェーン	Value Chain	—	価値を生み出すための一連の流れを指しており，主活動（購買物流，製造，出荷物流，販売・マーケティング，サービス），支援活動（全体管理，人的資源管理，技術開発，調達活動）に一般的に分けられる

| VUCA | Volatility
Uncertainty
Complexity
Ambiguity | VUCA | 変動性（Volatility），不確実性（Uncertainty），複雑性（Complexity），曖昧性（Ambiguity）の頭文字であり，複雑性が増し，変動が激しく先行きが不透明な社会を指す |

おわりに

　本書では，M&Aの失敗事例を考察することで，どのようにしたらM&Aの失敗を防ぎ，成功に導くことができるかを解説した。

　執筆の過程で，多くのM&A戦略の策定担当者にインタビューを行う機会を得た。非常に示唆に富む話ばかりで，私自身勉強をさせていただいた。それだけでも本書を執筆してよかったと感じるところである。そこで得られた知見も織り込み，本書の内容を練り上げることができたため，これまでのM&A関連書籍では触れられていない実務の深い内容までも記載することができたのではないかと自負している。

　M&Aは案件ごとに全く異なるシチュエーションで進める必要がある。普遍的な答えは存在せず，常に特殊解を求めなければならない。本書の執筆においては，なるべく多くの事例を紹介することで，読者の皆さまが直面する様々なケースに対応できるように配慮したつもりではある。最初は5つぐらいの失敗事例を想定していたところ，考察に考察を重ねていくと，5が7に，7が10にと数が増えてしまった。あまり多すぎるのもかえって理解しづらくなるということで，10を超えたところで，何とか1ケタに集約し，9つの失敗パターンとなった。

　第15章では，ChatGPTによるM&A戦略の策定について考察したが，執筆を行った数か月の間にもテクノロジーがすごい勢いで進歩しているのを体感した。ChatGPTについて様々な考察を記載したが，数か月後には，本書での考察が陳腐化するのではと感じるぐらいである。そのため，ChatGPTの部分はあくまで執筆時点の考察ということで，ご容赦いただきたいところである。

　本書を執筆するために部屋に籠もりがちになり，あまり気がつかなかったが，

外に出てみるとCOVID-19の影響がなくなってきていると感じられる。この数年間，M&AにおいてもCOVID-19の影響を受けてきたが，特に影響の大きかったクロスボーダー案件が徐々に増えてきており，COVID-19以前の状況に回復しつつあることを肌で感じる。弊社のコーポレートスローガンは「日本のビジネスを強く，世界へ。」である。本書の内容が読者の皆さまのM&A実務の一助となり，かつ日本企業の世界での活躍にわずかでも貢献できればと願う。

　最後に，本書執筆の機会をいただいた中央経済社の皆さま，企画段階からご尽力いただいた中央経済社実務書編集部の土生健人氏，監修で多くの気づきを与えてくださった皆さま，執筆のサポートをいただいた皆さまに御礼申し上げたい。

2023年11月

中山　博喜

【著者紹介】

中山 博喜（なかやま　ひろのぶ）

デロイト トーマツ ファイナンシャルアドバイザリー合同会社
ストラテジー部門／シニアヴァイスプレジデント
一橋大学大学院国際企業戦略研究科修了
証券会社財務部，セルサイドの証券アナリストを経て，2013年にデロイト トーマツ ファイナンシャルアドバイザリー合同会社に参画し，2017年～2020年はバンコク事務所でM&Aアドバイザリー業務に従事。現在は東京事務所においてストラテジー部門に所属
専門はM&A戦略策定，コマーシャル・デューデリジェンス，ビジネス・デューデリジェンス，企業再編，市場調査，経営／事業戦略策定。そのほかにも企業再生，事業計画策定支援，営業戦略策定，PMO業務，などの幅広い業務に従事。多くのクロスボーダー案件の経験も有する。
著書に『買収後につながる戦略的デューデリジェンスの実践　外部環境分析の考え方・技術』（中央経済社，2020年）がある。

【執筆協力者紹介】

赤坂 直樹（あかさか　なおき）

デロイト トーマツ ファイナンシャルアドバイザリー合同会社
パートナー
米系コンサルティングファームにて民間企業・官公庁に対しBPR・基幹システム戦略・構想策定，設計・開発等に従事した後，大手監査法人系M&Aアドバイザリーファームにて M&A及び再生局面での戦略策定支援，市場・競合・顧客分析，コスト削減戦略，ビジネス・オペレーション・ITデューデリジェンス，事業計画策定支援，統合後のPMIや業務改善等を専門とするチームのリーダーとして従事。2013年よりデロイト トーマツ ファイナンシャルアドバイザリー合同会社に参画。
現在，M&Aに関するコンサルティング業務を中心に活動するグローバルネットワークの日本部門を統括し，買収や売却に係るM&A戦略からDD，PMIまでの案件実績を多数保有。特に産業機械及び建設セクターリードとして，大手重工業や総合電機をはじめとした製造業クライアントに対して幅広いM&Aフェーズにおけるサービスの提供実績を持つ。

戸田　崇生（とだ　たかお）

デロイト トーマツ ファイナンシャルアドバイザリー合同会社

ストラテジー部門統括／マネージングディレクター

公認会計士事務所，創薬系バイオテックを経て2015年よりデロイト トーマツ ファイナンシャルアドバイザリー合同会社に所属。主に，電力，製造業，金融業において事業計画策定支援，カーブアウト支援，ITDD等のアドバイザリー業務に従事。その他，組織再編における財務・税務アドバイザリー業務や上場に向けた管理体制の構築等の経験を有する。

【サポートメンバー】

松尾　智彰（まつお　としあき）

デロイト トーマツ ファイナンシャルアドバイザリー合同会社

ストラテジー部門／シニアアナリスト

近藤　諒佳（こんどう　りょうか）

デロイト トーマツ ファイナンシャルアドバイザリー合同会社

ストラテジー部門／シニアアナリスト

平田　壮輝（ひらた　まさき）

デロイト トーマツ ファイナンシャルアドバイザリー合同会社

ストラテジー部門／アナリスト

吉岐　英（よしき　すぐる）

デロイト トーマツ ファイナンシャルアドバイザリー合同会社

ストラテジー部門／アナリスト

永井　裕都（ながい　ゆうと）

デロイト トーマツ ファイナンシャルアドバイザリー合同会社

ストラテジー部門／アナリスト

松田　映（まつだ　はゆる）

デロイト トーマツ ファイナンシャルアドバイザリー合同会社

ストラテジー部門／アナリスト

【会社紹介】

デロイト トーマツ ファイナンシャルアドバイザリー合同会社

デロイト トーマツ ファイナンシャルアドバイザリー（DTFA）は国際的なビジネスプロフェッショナルネットワークであるDeloitte（デロイト）のメンバーで，デロイト トーマツ グループの法人です。DTFAはデロイトの一員として日本におけるファイナンシャルアドバイザリーサービスを担い，デロイトおよびデロイト トーマツ グループで有する監査・保証業務，リスクアドバイザリー，コンサルティング，ファイナンシャルアドバイザリー，税務，法務等の総合力を活かし，収益構造を変革するためのM&Aや，企業再編・不正調査などのクライシスマネジメントの局面において，企業が直面する重要な課題の解決を支援しています。所属する専門家が，国内では東京・前橋・名古屋・大阪・広島・福岡・那覇を拠点に活動し，海外ではデロイトの各メンバーファームと連携して，日本のみならず世界中のあらゆる地域で最適なサービスを提供できる体制を有しています。

9つの失敗パターンでわかる

M&A戦略の基本と実務

2024年1月15日　第1版第1刷発行

著　者　中　山　博　喜
発行者　山　本　　　継
発行所　㈱中　央　経　済　社
発売元　㈱中央経済グループ
　　　　パ ブ リ ッ シ ン グ

〒101-0051　東京都千代田区神田神保町1-35
電話　03 (3293) 3371(編集代表)
　　　03 (3293) 3381(営業代表)
https://www.chuokeizai.co.jp
印刷／三英グラフィック・アーツ㈱
製本／㈲井 上 製 本 所

© 2024
Printed in Japan